光明社科文库
GUANGMING DAILY PRESS:
A SOCIAL SCIENCE SERIES
·历史与文化书系·

新中国科普期刊研究

(1949-2019)

郑秀娟 | 编著

光明日报出版社

图书在版编目（CIP）数据

新中国科普期刊研究：1949—2019 ／ 郑秀娟编著. ——北京：光明日报出版社，2022.1
ISBN 978-7-5194-6444-8

Ⅰ.①新… Ⅱ.①郑… Ⅲ.①科技期刊—出版工作—研究—中国—1949—2019 Ⅳ.①G237.5

中国版本图书馆 CIP 数据核字（2022）第 006012 号

新中国科普期刊研究：1949—2019
XINZHONGGUO KEPU QIKAN YANJIU：1949—2019

编　　著：郑秀娟	
责任编辑：郭玫君	责任校对：崔荣彩
封面设计：中联华文	责任印制：曹　净

出版发行：光明日报出版社
地　　址：北京市西城区永安路 106 号，100050
电　　话：010-63169890（咨询），010-63131930（邮购）
传　　真：010-63131930
网　　址：http：//book.gmw.cn
E - mail：gmrbcbs@ gmw.cn
法律顾问：北京市兰台律师事务所龚柳方律师

印　　刷：三河市华东印刷有限公司
装　　订：三河市华东印刷有限公司

本书如有破损、缺页、装订错误，请与本社联系调换，电话：010-63131930

开　　本：170mm×240mm	
字　　数：198 千字	印　张：15.5
版　　次：2022 年 1 月第 1 版	印　次：2022 年 1 月第 1 次印刷
书　　号：ISBN 978-7-5194-6444-8	
定　　价：95.00 元	

版权所有　　翻印必究

序

宋应离

殚精竭虑细思量，

十年辛苦不寻常。

功到成处喜自来，

论著问世乐开怀。

这几句话，是我为郑秀娟同志历经十年精心撰写的、新近就要出版的《新中国科普期刊研究（1949－2019）》一书所写的贺词。

秀娟同志早在20世纪末，攻读硕士研究生期间就喜欢阅读期刊，并醉心于期刊研究。她撰写的毕业论文就是有关期刊的内容。之后，在读博士期间，她对期刊的研究初衷不改，仍继续从事期刊研究。她和期刊工作结缘已有20余年，在期刊研究方面也取得了可喜的成绩。最近，她将撰写的《新中国科普期刊研究（1949－2019）》的书稿寄给我，并希望我为之作序，我顿时忐忑不安。我虽然20年前出版过一本《中国期刊发展史》，但内容多偏重于社科期刊和综合性期刊，科技期刊尤其是科普期刊无所涉及。对于新中国70年来科普期刊的发展状况、前进中的问题以及编辑工作中的一系列问题，我知之甚少。要我为此书出版作序，实感困难。但作为一个研究期刊的老同志，对秀娟多年来研究期刊所取得的成绩感到高兴，并望她今后继续对期刊进行研究，取得更大成绩。鉴于此，我只好为这本书写些自己的感想，以示对她的鼓励。

粗读《新中国科普期刊研究（1949—2019）》书稿，给我留下三点突出印象。

一是选题新颖，意义重大。对于科技期刊包括科普期刊，在推动科学事业发展中的功能与作用，我们党历来是重视的。早在中华人民共和国成立之初，第一届全国政协会议通过的"共同纲领"中就规定："努力发展自然科学，以服务于工农业和国防建设。奖励科学的发现和发明、普及科学知识。"随着时代的发展，我国陆续创办了一些科技、科普期刊。到了1959年，科技期刊由1952年的87种增加到356种。之后，由于"左倾"思想的影响，我国的科技、科普期刊发展遇到极大阻力和困难。改革开放以来，我国的科技、科普期刊有了新的发展。随之，对科技期刊、科普期刊的理论研究也逐渐兴起，并出版了一些相关著作，如胡传焯的《科技期刊编辑指南》、任定华主编的《科技期刊编辑学导论》、章道义等主编的《科普编辑概论》等。上述著作多从编辑工作的角度研究期刊编辑工作流程及具体经验，而《新中国科普期刊研究（1949—2019）》则从70年科普期刊的产生、发展变化来梳理科普期刊发展历程、经验、教训，做到"总结历史、借鉴过去、认识当今、服务未来"。本书的这一选题角度是新颖的。

科普期刊是运用通俗生动易懂的语言，向人们介绍、传播科普知识，揭示科学原理，传递科技信息，帮助人们认识科学，运用科学，提高人们的科学素质，助力培养科技人才，为建设科技强国的重要载体；同时它以知识性、科学性、实用性、应用性，指导、帮助人们正确认识生活，同时培养人们高尚的生活情操，增强人们的健康体质，是人们的生活顾问、家庭教师。随着人们生活水平的提高，科普期刊在建设现代化社会主义强国中将发挥着重大作用。从这个角度讲，办好科普期刊，意义重大。

二是概括叙述，突出典型。70年来，特别是改革开放以来，科普期刊有了很大发展，各个不同历史时期的期刊随着时代的发展，在办刊宗旨、办刊理念、编辑工作的方针方法上均有巨大变化，要全面研究不同历史时期的期刊难度很大，为此，本书作者采用了概括叙述与突出典型相结合的方法，既勾勒了各个不同历史阶段期刊发展的概貌，又对有典型性的期刊加以解剖，以加深人们的认识。正像作者自己说的："本研究试图通过大量的资料调研与期刊历史的追溯，在综合研究的基础上，利用典型期刊剖析的方法，较为深刻地阐述中国科普期刊存在的问题与未来的发展。"作者正是这样做的。本书的第四章《典型期刊的个案分析研究》，选取了《家庭医生》《中国国家地理》《自然杂志》《农业知识》《少年科学画报》五种刊物作为典型案例，对它们的办刊宗旨、栏目特色、社会效果逐一加以典型解剖，给人们留下了深刻印象，也为办刊人如何办好刊物提供了有益借鉴。

三是图文并茂，生动形象。当今时代，千变万化，出版物的编排和人们的阅读习惯也发生了变革。业界人士常说，现今是读图时代，有人说"一图顶千言"，说明在出版物中运用图像对于阐释出版物的内容和吸引读者的重要性。为了说明期刊的发展变化和地区分布，书中列举数十张图表；为了吸引读者眼球，增强刊物的吸引力，本书作者经过精心挑选，将40余种不同时期的期刊创刊号、封面及典型封面一一列出。这些封面随着刊物内容的变化以不同的面貌出现。一册刊物到手，封面图像优美迷人，像磁石一样吸引读者的眼球，使人爱不释手，从封面的形象中也可略知刊物的内容特色。

限于本人知识浅薄，认识能力不高，上述己见，可能有不妥之处，恳请专家批评指正。

2021年元月

（本序作者为河南大学出版社宋应离教授。宋应离老师是编辑出版专业硕士生导师、"新中国60年100个有影响力的期刊人"之一）

目 录
CONTENTS

第1章 绪 言 ·· 1

第2章 科普期刊的社会功能探析 ·· 7
  第1节 科普期刊的定义及基本要求 ·· 7
  第2节 科普期刊的特性 ··· 10
  第3节 科普期刊的社会功能 ·· 19

第3章 新中国科普期刊的发展历程及特点 ···································· 26
  第1节 概 述 ·· 26
  第2节 科普期刊发展历程 ··· 28
  第3节 新中国科普期刊总体特征 ·· 45
  第4节 科普期刊发展理论综述 ··· 52

第4章 典型期刊的个案分析研究 ··· 61
  第1节 家庭医生 ·· 62
  第2节 中国国家地理 ·· 68
  第3节 自然杂志 ·· 80

1

第 4 节　农业知识 …………………………………………… 92
第 5 节　少年科学画报 ……………………………………… 100

第 5 章　存在的问题与解决思路 …………………………… **115**
第 1 节　科普期刊存在的问题 ……………………………… 115
第 2 节　解决思路 …………………………………………… 130

第 6 章　未来发展方向 ……………………………………… **155**
第 1 节　科普期刊的未来发展方向 ………………………… 155
第 2 节　科普创作是科技工作者应尽的义务 ……………… 178

附录　主要科普期刊介绍 …………………………………… **187**
后　记 ………………………………………………………… **236**

第1章 绪 言

当前世界各国之间的竞争，从根本上说是科学技术的竞争、人才的竞争和国民素质的竞争，三者之间在深层次的纽带即科学普及工作（简称科普）。为此，各个国家尤其是西方发达国家都把普及科学当作提高国民素质的一项重要任务。在发达国家，科普工作既被看作社会公益事业，又逐渐发展成了一种新兴产业，从而使科普工作既保持其关系国计民生的神圣性和严肃性，又使其具备了内在发展的强大动力，这在一定程度上保持了发达国家公众科技素养的不断提升和科技国力的持续领先。

2016年5月，习近平总书记在"科技三会"上指出："科技创新、科学普及是实现创新发展的两翼，要把科学普及放在与科技创新同等重要的位置。没有全民科学素质的普遍提高，就难以建立起宏大的高素质创新大军，难以实现科技成果快速转化。"习总书记的这一重要讲话，对推动中国科学普及事业的发展具有非常重大的意义。

时至今日，无论国际还是国内，对科普工作的重视程度都是令人十分关注的，因为科学普及工作是提升公民科学素质的重要手段。《中国科协科普发展规划（2016—2020年）》指出："'十三五'时期，科普发展大有空间、大有可为，全面创新科普工作，加强科普信息化，提升科普整体水平，对于实现我国公民科学素质跨越提升具有重要意义。"虽然"十二五"期间，全民科学素质水平整体提高，科普资源不断丰富，但整体来看仍与发达国家有较大差距，且科普技术手段相对落后，"十三五"时期是实施创新驱动发展战略的关键时期，科学素质决定公民的思维和行为方式，是国家综合国力的体现。因此，集中力量，紧抓未来一段时期内的科普工作是提升全民科学素养的基础所在。

第九次中国公民科学素质调查显示，2015年我国公民具备科学素质的比例约为6.20%，较2010年的3.27%提高近90%，超额完成"十二五"我国公民科学素质水平达到5%的工作目标，为"十三五"全民科学素质工作奠定了坚实基础（祝叶华，2017）。第一次中国公民科学素质抽样调查结果表明，2020年公民具备科学素质的比例达到10.56%，超过"十三五"规划的10%的目标。

我们国家的科普事业面临着一个好的发展机遇。党中央对在新的形势下发展科普事业十分重视。全社会开始逐渐形成重视科学知识和科学方法，抵制歪理邪说和愚昧迷信的良好风气。科普期刊是科学普及的重要途径之一，肩负着以通俗易懂的语言面向社会公众传播科技知识的责任，对提高全民的科学素质起着至关重要的作用（王一媛，2017）。广大科普期刊工作者应该抓住这一有利时机，振奋精神，积极进取，努力开创科普期刊繁荣发展的新局面。国内至今科普期刊事业发展还没有达到繁荣的地步，还有许多路要走，比如国内还没有产生一种像《牛顿》《科学美国人》那样对社会具有相当影响力的高级综合性科普刊物。这一方面与我国公民科普素质不高有关，另一方面也说明我国的科普期刊还需要在新的形势下，奋起急追，培育与发展具有实力与潜力的期刊，形成一个新的科普期刊制高点。鉴于我国目前公众科普素质不高的情况，当前和今后一个时期科普期刊所担负的主要任务，是要加强马克思主义唯物论、无神论的宣传，帮助广大干部群众树立正确的信仰和科学的世界观，从而达到更好地普及科学知识、提升科学素养的目的。

在群众中广泛开展科学技术普及工作，不仅是我国经济建设和物质文明发展的迫切需求，同时也是当前加强和改进思想政治工作、建设社会主义精神文明的重要内容。科普一方面是要把科学知识直接传递给普通民众，另一方面，更要培育民众的科学精神，营造崇尚科学文化的氛围。在这些活动中，精英科学家们起到了独特的作用，他们通过创办科普期刊、撰写科普文章、举办科学演讲等形式，传播科学知识，引导民众接受科学文化（夏文华，2014）。

科普期刊是向公众传播科学知识的科技期刊，它通过科学浅显的语言，生动活泼的方式，向公众准确地介绍科学知识，解释科学现象，揭示科学原理，传播科学精神，传递科技信息，帮助公众认识科学、理解科学、运用科学，追求真理，让科学知识、科学方法和科学思想得以传播，让公众的科学素养得以提高，理想的人格得以塑造。这就决定了科普期刊必须以人为本，以科学为本，追求科学特质和人文精神及二者的高度统一，才能成为一本优秀的期刊，取得真正的成功（姜波，2015）。

虽然目前中国的科普期刊还跟不上科技发展的步伐，但学者们对科普期刊的关注程度在逐年提高。国内许多学者从2000年之后，持续关注中国科普期刊的发展，对科普期刊的发展历程、发展现状、运营模式研究及分类科普期刊现状进行了解析。主要包括：张洁（2002）科普期刊的创新研究；朱建平（2002）、易高原（2011）和陆瑶等（2014）的科普期刊编辑工作的研究；刘新芳（2010）在中国科普史背景下，分析了各阶段科普期刊的发展特点；初迎霞等（2011）梳理了我国科普期刊的发展脉络，侧重从期刊数量和发行量来展示其历史轨迹；梁小建等（2012）建议应建设科普期刊参与科普资源共享的新机制在版权协作模式和刊网融合方面取得突破；付玉晶（2014）和赵新宇（2016）的新媒体时代科普期刊的发展对策研究；王炎龙和李开灿（2015）认为科普期刊遭遇了读者群萎缩与市场营销不力的困局，应开拓微营销等良性途径；张波（2016）探讨了中国科普期刊创新发展的3种转向。此外，分专业领域的科普期刊研究也逐渐兴起，主要表现在对医学、农业、少儿等科普期刊的研究。李法宝（2010）对医学科普期刊的健康传播进行界定，指出该类期刊的主要诉求是为读者完成健康信息增值服务；周国清和王小椒（2012）对我国农业科普期刊现状进行了研究，认为广拓发行渠道并强化公共文化属性是该类期刊的发展要义所在；卢武昌（2014）以《第二课堂》为例，对青少年科普期刊办刊思路展开探讨，认为表达形式和娱乐性并重是其发展之道。

纵观上述研究成果发现，现有的研究成果在多个方面对科普期刊都有研究，较多聚焦科普期刊发展历史及存在症结，指出了新媒体发展对科普期刊发展的挑战，提出了诸如"资源共享"与"开拓渠道"等应对策略。个刊针对性强，拓宽及启迪了办刊思路，但尚缺少对科普期刊创新转型较为全面、系统的剖析。

本研究试图通过大量的资料调研与期刊历史的追溯，在综合研究的基础上，利用典型期刊剖析的方法，较为深刻地阐述中国科普期刊存在的问题与未来的发展，以期对我国科普期刊发展起到"抛砖引玉"的作用。

注：本研究所指的国内是指除了香港、澳门和台湾之外的大陆地区，本次研究没有把这3个省区的期刊统计在内。

特此说明！

参考文献

[1] 初迎霞,孙明,张品纯. 我国科普期刊的发展历程 [J]. 编辑学报,2011,23 (4):288-290.

[2] 付玉晶. 传统科普期刊在新媒体时代的发展探究 [J]. 传播与版权,2014 (2):44-45.

[3] 姜波. 论科普期刊的科学特质与人文精神 [J]. 传媒观察,2015 (22):45-46.

[4] 李法宝. 论医学科普期刊的健康传播 [J]. 编辑学报,2010,22 (1):16-18.

[5] 梁小建,孙明,张品纯. 试论科普期刊参与科普资源共建共享的新机制 [J]. 中国科技期刊研究,2012,23 (1):19-22.

[6] 卢武昌. 青少年科普期刊办刊新思路 [J]. 编辑学报,2014,26 (4):390-392.

[7] 刘新芳. 当代中国科普史研究 [D]. 合肥:中国科学技术大学,2010.

[8] 陆瑶,秦娟,倪明. 试论医学科普期刊特点对编辑素质的要求 [J]. 新闻传播,2014,(2):306.

[9] 王一媛. 科普期刊编辑的综合素养 [J]. 新闻研究导刊,2017,8 (2):221-223.

[10] 王炎龙,李开灿. 科普期刊数字出版困局及突破路径 [J]. 中国科技期刊研究,2015,26 (7):722.

[11] 夏文华. 科普期刊发刊词与民国时期的科普思想 [J]. 自然辩证法研究,2014,30 (5):95-100.

[12] 易高原. 试谈科普期刊编辑的德识才学 [J]. 新闻研究导刊,2011,(4):56-58.

[13] 张洁. 科普期刊的创新与市场突围 [J]. 中国科技期刊研究, 2002, 13 (S1): 34-36.

[14] 张波. 科普期刊创新发展的三重转向 [J]. 中国科技期刊研究, 2016, 27 (1): 43-47.

[15] 赵新宇. 科普期刊在新媒体时代该如何发展 [J]. 新媒体研究, 2016, (5): 103-104.

[16] 朱建平. 做好科普期刊编辑的感想 [J]. 中国科技期刊研究, 2002, 13 (S1): 103-104.

[17] 祝叶华. 以《三联》为鉴探究科普期刊转型发展 [J]. 科技传播, 2017, 2 (下): 79-82.

[18] 周国清, 王小椒. 农业科普期刊发展论 [J]. 湖南师范大学社会科学学报, 2012, (2): 140-145.

第 2 章 科普期刊的社会功能探析

第 1 节 科普期刊的定义及基本要求

一、定义

科普期刊，就是以普及科学技术知识、倡导科学方法、传播科学思想、弘扬科学精神为办刊宗旨的期刊（1991年6月5日国家科委新闻出版署令12号发布）。简而言之，就是为大众普及科学知识的期刊。它应具有科学性、通俗性和趣味性，以清晰通俗易懂的文字，深入浅出地解析科学知识，同时承担提高全民科学文化素养的任务。科普期刊是专门宣传普及科学知识的期刊，其常见内容包括：科学常识和当代科学新发现，工农业生产的实用科技，衣、食、住、行、玩、健身等生活知识，科学幻想小说等科学文艺作品（刘建明，1993）。传统的科普期刊与其他文学艺术以及休闲类期刊相比，本身的娱乐性一般都较低，不容易吸引读者的注意力；读者群也相对固定，拓展读者群有一定的难度（韩霜，2015）。加强对科普期刊的管理，促进科普期刊健康有序地发展，进一步发挥科普期刊的功能和作用，对于在全社会营造崇尚科学文明、提高全民科学素质、更好地服务经济社会发展，具有极其重要的意义（阚南等，2011）。

科普期刊是专门宣传普及科学知识的刊物。1665年德国出版的科学家杂志，是科普期刊的祖先。我国最早的科普期刊是自然科学编译家杜亚泉先生1900年创办的《亚泉杂志》。《科学画报》是我国办刊时间最长的科普期刊，自1933年始，至今刊行不辍，读者如云。据资料调研结果，中华人民共和国成立之前，我国仅有8本科普期刊，目前的绝大多数科普期刊是中华人民共和国成立之后创办的。

无论何时创办的科普期刊，都是具有科学性、通俗性和趣味性的期刊，正如《科学生活》（1939）的发刊词中写道："'科学'果真是艰涩神秘的东西吗？我们都回答，'绝不'。从苹果落地可以讲到万有引力，或是从摩擦两手说起来热力学的原理。在实验室固然好研究科学，在野外闲步时也不妨随便谈谈。只要方向不错误，都会得到正确的观念。科学的精神是严肃的，但是学习科学的态度，却可能带些谐趣。《科学生活》就是根据这个原则产生的。在'科学生活化，生活科学化'的口号下，我们企图用浅显的文体，轻松的笔调，讨论自然科学各门和日常生活的关系。"无论是中华人民共和国成立前还是中华人民共和国成立后，科普期刊基本都遵循着这种科学性、通俗性和趣味性原则，在实践中践行着普及科学知识的职责。中华人民共和国成立后，科普期刊越来越成为向人民群众宣传普及科学知识、推广新技术的重要工具。

此外，科普期刊是科学技术期刊的一个重要类别，在社会主义期刊事业和科学技术推广事业中发挥着不可替代的作用，鉴于期刊的特殊地位，就要求内容健康，思想性强，知识面广，内涵深蕴，通俗易懂，体裁新颖。国家对科普期刊的出版有专门的基本要求与规定，所有科普期刊的出版必须首先符合国家的基本要求。

二、基本要求

《期刊出版工作法律法规选编（第三版）》（2012）对科普类期刊的质量要求可分为四个方面：政治要求、技术要求、编辑加工要求和印刷出版要求。每一项要求，均是针对科普期刊的社会功能及其定位，在方向性上给予的正确指导。

（一）政治要求

一是要坚持"一个中心，两个基本点"的基本路线，坚持"科学技术必须面向经济建设"的方针。

二是认真贯彻和体现国家有关科学技术和出版方面的政策、法令、条例。

三是正确执行有关保密、版权、专利、国界等规定。

四是在学术上要认真贯彻执行"百花齐放，百家争鸣"的方针，坚持辩证唯物主义和历史唯物主义。

五是积极倡导社会主义科技道德、编辑道德，重视社会主义精神文明建设。

六是在注重社会效益（包括潜在效益）的前提下，不断努力提高经济效益。

（二）技术要求

一是内容科学健康，丰富正确，思想性强，符合办刊方针。

二是知识面广，通俗易懂，既生动活泼又严肃认真地宣传和普及科学技术知识，为提高全民族的科学文化素质服务。

三是宣传和推广科技成果，为科学技术转化为第一生产力起桥梁作用。

四是启发思路，开阔视野，交流信息，吸引、鼓励并引导人们去进行科学实验与探索。

（三）编辑加工要求

一是稿源丰富、信息容纳量高。

二是文章层次和结构严谨，逻辑性强，语言精练，文理通顺，标点符号、数字使用正确。

三是编辑加工认真、负责，标准、规范，差错率低。

四是版面设计合理，美观大方，图文并茂，有特色。

（四）印刷出版要求

一是创造条件，提高用纸质量。

过去的期刊用新闻纸，随后是普通纸，目前多数已经改用铜版纸。

二是墨迹均匀，印刷清晰。

三是装订牢固、美观，切口一致。

期刊的装帧质量影响着期刊的很多方面，包括阅读与存放，传播质量好的期刊可能传递到更多的人手中，供更多读者参阅学习。

四是尽量缩短出版周期。

目前科普期刊以月刊为主，占71.3%；半月刊数量也在逐年增加，已经达到10.1%；旬刊有1种，目前有些期刊有向旬刊过渡的趋势。这在适应科技发展的同时，也适合着读者的阅读需求。

五是按期出版发行。

第2节 科普期刊的特性

一、科学性是科普期刊的灵魂

科学性是指概念、原理、定义和论证等内容的叙述是否清楚、确切，历史事实、任务以及图表、数据、公式、符号、单位、专业术语和参考文献写得是否准确，或者前后是否一致等（郭建红，2004）。许文深和陈俊（2002）认为，科学性是指稿件的内容是否符合客观实际，是否反映出事物的本质和内在规律，即概念、定义、论点是否正确，论据是否充分，实验材料、实验数据、实验结果是否可靠等。科普期刊的科学性，是指科普期刊刊登的文章所涉及的概念、原理、定义和论证等内容要准确无误，所表述的事件及问题要与实际情况相符，不存在虚假与捏造的数据与内容。

科普期刊和一般的科学技术期刊相似的地方，也就是科普期刊的最基本特征，就是它的文章有着严格的科学性。科普期刊承担着传播科学知识、科学方法和科学思想，培养公众科学素质的使命，因此，科学是科普期刊的立足之本，科学性是科普期刊的本质属性，是科普期刊的源头活水。一本科普期刊如果失去了科学性，就失去了存在的价值和意义。科普期刊的科学性是指所刊载的内容必须是科学的，是真实、严谨、规范的，必须准确无误地讲述科学知识、宣传科学思想、弘扬科学精神、倡导科学方法、传播科技信息。如果科普期刊所刊发的内容缺乏科学性，不仅达不到普及科学知识的目的，甚至还会带来相反的作用，影响社会，毒害百姓，因其发行面比一般科技期刊要广，受众面大，所以其危害比一般的学术期刊还要大，可见，科学性是科普期刊的灵魂之所在。科学性是形成科技能力和科学精神的基础，个体对科技知识理解的多少制约着科技能力的发展和科学精神的形成与完善。科普期刊向读者传递知识时，其中所呈现的科学事实、概念、原理及其包含的社会含义、实际应用、历史方法和科学方法的运用，有助于读者积极地面对环境和解释环境，全面科学地认识自然环境和生存条件，有助于读者公正地评价科学在日常生活中的贡献，透彻地理解科学、技术和社会之间的相互关系，更有能力识别科学技术问题，在面对个人决策和公共决策时，能够提出有科学依据的解决方案。因此，科学性是科普期刊的灵魂，是对科普期刊刊载内容的最基本要求。

二、通俗性是科普期刊的实质

《辞海》中写道：通俗读物是供文化水平较低的读者阅读的图书报刊。一般使用一定数量的常用字或加注音、注释，并附有插图，要求内容浅显，知识正确，文字简洁（辞海编辑委员会，1989）。《现代汉语辞海》对"通俗"的解释：通俗是指适合群众的水平和需要，容易叫群众理解和接受的（现代汉语辞海编辑委员会，2002）。可见，科普期刊不能算是"通俗读物"，但其通俗性要求与通俗读物具有一定的相似性。

作为科普期刊的通俗性，就是指所刊发的内容应当用易于被广大读者所接受的语言或图像来解释科学问题，向人们宣传普及科学知识，切忌重视了科学性而疏于通俗性。不能被广大读者接受的科普期刊，就无法起到其科学普及作用；只有通俗易懂、具备了传播的广泛性，才能把知识带给公众并被公众接受，起到普及科学知识的作用。因此，科普期刊不能因为其科学性而成为"阳春白雪"，需将通俗性与科学性有机结合，用其通俗性使之更亲民，从而更好地普及与传播。

三、趣味性和实用性

科普期刊文章的趣味性，是指科普期刊的内容设计新颖、角度独特且易于被接受，版面风格丰富多彩，语言风格清新、幽默，能够多方位引起读者阅读兴趣的特性。具备了趣味性就可以增强科普期刊的可读性，但其趣味性一定要有度，做到有趣而不庸俗，不哗众取宠，否则读者肯定也不愿意阅读，也就达不到普及科学知识的目的。因此，增强科普文章内容的趣味性，才能提高科普期刊对读者的感召力，趣味性也是科普期刊的内在要求。

科普期刊不仅要有科学性，更要具有广泛的实用性。实用性是指读者通过阅读科普期刊，能够把学到的知识应用到实际工作和生活之中，在某种程度上能够解决实际中存在的困难与问题。实用性应当是科普期刊所固有的特性之一，科普期刊应不断地将新兴的科学知识及时准确地传播给读者，让读者通过阅读期刊有所收获，或是学到了新的知识点，或是了解并掌握了新技术和新技巧。倘若所刊发的内容尽是老调重弹或陈旧的东西，就必定要遭到读者的厌弃！所以科普期刊的实用性，可以说在某种程度上是衡量读者是否喜欢的一把尺子。

四、可读性

我国著名科学家贾祖章曾指出："一篇好的科普作品像一曲清泉、一江春水，涓涓不绝，潺潺东流，科学术语不能是阻拦流水的岩石，也不是激起漩涡的暗礁，而是水面的涟漪，往来的帆影，是落花漂荡，鸥鸟沉浮，是大自然的必要的点缀。"从这段话中，我们不难看出，好的科普作品之所以能起到这样的效果，不能忽视或否定形象思维在其中所起的重要作用。正如我国著名科普作家高士其、林之光、郑渊洁，他们的许多作品虽不属于文学作品，但却为广大读者所喜爱，原因在于他们能够把科学知识借助一定的形象思维，用通俗易懂的语言表达出来。因此，要想充分发挥科学本身的魅力，使自己的作品在有限的文字内能够为平常百姓所接受，就需要创作者在运用逻辑思维的同时，必须融入一定的形象思维。形象思维运用得当，可增强文章的可读性、趣味性，更可以使科学理论深入浅出（付玉晶，2013）。

以医学科普期刊为例，进一步阐释科普期刊的可读性。

医学科普期刊的内容在确保其科学性的前提下，还要注重可读性（付玉晶，2013）。众所周知，医学科普期刊的读者面很宽，几乎涉及医学之外的所有学科的普通大众，尽管这些读者文化程度高低不同，但大多数不可能对医学知识有详细到位的了解。在这样的情况下，如果文章语言晦涩、难懂，给读者的阅读、理解带来困难，读者没有兴趣读下去，则违背了医学科普期刊的办刊宗旨。而通俗易懂、融知识性与趣味性于一体的期刊，就会紧紧抓住读者的眼球。要想保证医学科普期刊的可读性，需要注意三个方面（付玉晶，2013）：

（一）注重选题角度的新颖性

读者通过阅读医学科普期刊来获取预防疾病、保健养生的知识，以促进身心健康，这是医学科普期刊的社会价值的体现。为了达到这一目的，医学科普文章的选题就显得尤其重要，因为选题决定了文章的内容，只有选题正确了，读者才有兴趣阅读，读后才能将其用于日常的保健养生中。所以，在选题方面应遵循这样几点原则：（1）研究读者对象，使策划选题有针对性。要提高期刊的可读性，必须研究读者对象。要了解读者喜欢什么，需要什么，心里在想什么。只有这样，才能策划出好的选题。期刊的读者众多，他们有着不同的职业、年龄、文化程度，有着不同知识的需求。即便是同一个读者，对知识也有不同方面的渴望。在工作中，可采取评刊表、网络留言等方式与读者沟通，并对结果进行统计分析，对大家普遍关心的问题可以作为策划的选题，这样的选题肯定会得到读者的欢迎。（2）充分利用信息使策划选题有创新性。策划选题要以充足准确的信息为依据，一个善于策划的编辑，应是一个收集、获取、整理、使用信息的高手。期刊编辑在日常生活和工作中应有目的、有需求地获取一些"信息"，在利用信息策划选题的过程中，要善于捕捉与众不同的角度，牢牢抓住出奇制胜的好选题。随着大众媒体的日益普及，许多突发事件、社会热点自然成为人们津津乐道的话题，编辑可以从中捕捉、酝酿合适的医学科普选题。例如四川汶川地震后，灾情牵动着全国人民的心，大家以不同的方式投入抗震抢险中。编辑可邀请作者撰写《震后如何逃生》《地震现场如何施救》《震后如何预防疫情蔓延》《地震后的饮食安全提示》等文章。

（二）体裁的安排突出灵活性

任何事情都应该灵活多样地来做，才能保证效果，医学科普文章也是如此。无论是侧重叙述方式的，还是偏重议论方式的，还是以知识讲座形式，甚至散文、随笔、故事、诗歌、寓言等各种文学样式，均可以有效地达到宣传科普保健的目的。只有采取各式各样的让群众喜闻乐见的方式来增强科普文章的可读性，其宣传效果才能得到保证，那些看上去枯燥乏味的卫生保健知识才能为群众所关注、所接受。如《保健与生活》曾刊登过的一篇名为《一封心脏的来信》的文章，运用拟人手法，将心脏害怕什么、喜欢什么表述得明明白白，语言诙谐幽默，深得读者喜欢。这就要求编辑平时要多写多看，不断提高自己的文字功底、语言表达能力和写作能力，唯有如此才能在编审稿件时将科学理论用优美的语言、流畅的文字准确无误地表达出来。

（三）语言的运用强调生动性

随着生活节奏的加快，人们更乐于接受通俗易懂、一目了然的科技信息，不喜欢那些冗长单调、内容繁杂的长篇大论。所以，编辑在编审稿件时应选取那些生动有趣、通俗易懂的内容和形式，以便于读者阅读。如有些医学科普的作者专业学术水平很高，但写出的科普也像专业文章一样，理论性强，术语多，很难被理解。对此，编辑在编辑加工时就要花大气力进行修改，将难懂的专业术语"翻译"成读者易懂的语言，以便读者能看懂。《保健与生活》曾刊登过的《正确认识破伤风》一文，文章通过一位60多岁老太太的就医经历，用与医生一问一答的形式，向读者阐明了什么是破伤风、如何预防和治疗破伤风及注射破伤风抗毒素后应注意什么，把深奥、枯燥的医学知识，通过一个浅显的故事说得清清楚楚。

五、时效性和时尚性

科普期刊的时效性是期刊吸引读者的又一重要前提。科普期刊的时效性表现在：一是缩短编辑出版周期，以最快的频率出版期刊。二是保持内容的新鲜度，及时报道出来读者所关注的科学内容。三是增强选题的预见性，形成新闻预警机制（赵湘，2018）。由于期刊的周期性特点，科普期刊在时效性的把握上有许多劣势。科普期刊要及时地反映重大的新闻主题，宣传当下热点科普知识，就须凭借期刊记者、编辑的新闻敏锐性，凭借媒体建立的新闻快速反应机制，增强选题的预见性（林少富和张振弘，2003）。四是记者必须有新闻前预性思维，即新闻一旦发生，就能马上捕捉、加工、制作。一些重大题材是可以预见的。杂志如果能够加强策划，前期选题配合后发新闻，其时效性是可以保证的。五是深入挖掘事件性新闻，提高时间张力（赵湘，2018）。当一个科普相关的新闻事件出来，科普期刊往往已经出刊，若能紧追线索，以独特的视角，挖掘事件背后的科普关注点，就能相对延长时效（黄绮生等，2002）。

时尚是指人们在一定"时间"里"崇尚"某些事物。具体地说，时尚是短时间内一些人所崇尚、倡导或者示范的事物，而后为大众所接受的生活方式。而科学普及则是科学传播者采用公众易于理解、接受和参与的方式，普及自然科学和社会科学知识，其过程在某种程度上与时尚推广的过程耦合。科普与时尚看似水火不容，实则蕴藏着千丝万缕的联系。时尚与科普并存于人们的日常生活中，对大众的知识、信念、行为的影响不容忽视。如何让经典科普时尚化，让新的科学知识普及增加趣味性，并以更新颖的表达方式便于大众接受，需要科普期刊在办刊理念与实际运作中融入时尚元素，在科普期刊的内容与形式上合理进行时尚表达，甚至在期刊的推广运营中与时尚合理对接。只有如此，科普期刊才能在新形势下跟上科学大发展的步伐，向更高的层面迈进（赵湘，2014）。

六、人文精神

科学特质和人文精神是一本优秀的科普期刊应该拥有的内在素质，前者是本质，后者是内涵，一体两面，缺一不可（姜波，2015）。科学性前面已经述及，这里重点介绍人文精神。

所谓人文精神，就是对人的尊严、价值、命运的维护、追求和关切，它关注的是人类价值和精神表现，是"以人为本"的自我关怀。科普期刊是为人服务的，其所有的工作目标最终都指向读者——向其传播科学知识，推广科学方法，提高其科学素质，培养其科学思想，涵养其探求真理、追求真善美的科学品德，这一切，归根结底，都是对人的关怀；不仅如此，塑造科学的人生态度和理想的人格，也是科普期刊的终极目标和价值所在。安徽师范大学传媒学院李冷月在《科普期刊出版背后人文价值理性的思索》中写道："在大众文化传播的环境中，读者的表象需求容易通过一定的技术与营运达到满足，而对深藏在人类内心最本质的生存人文关怀的引导与培养，才是一份传播媒介最终的价值效果，才可能奠定出一种高档次的精神读物"（李冷月，2013）。

只诠释科学，不关注人的需要，科普作品最终会失去方向、失去读者。科学的终极价值是人文价值，而只有那些能够塑造人的灵魂的科普作品才是好作品。科普期刊亦不例外。

纵观人类的发展史，无数事实证明，人类社会谋求持续、协调、全面发展，需要科技为动力，人文做导向。"科技与人文相互为用。科学为人文提供依据，人文为科学确定目的；科技需要人文底蕴，人文需要科技支撑"（陈广仁，2010）。

同样，科学特质和人文精神也是科普期刊缺一不可的重要属性，就像一枚硬币的两面。科普的目的是为人服务，培养人的科学素养；人文精神是对人的价值的探究和关怀，科普期刊只有把两者很好地统一起来，才能承载其传播科学、追求真理、塑造人格的本质价值体系和与生俱来的历史使命。

"文学中有科学，科学中有文学，这是科普作品的独特之处。"此观点得到科普创作者的普遍认可。写作者对科普作品特点的分析，非常准确地概括出科普作品的特色。也同样说明，科学特质、人文精神正是科普期刊的风格特征。

科普作品表达的一种重要形式是科学叙事。科学叙事是指某一学科对现象观察的陈述（许并生，2011）。就科普期刊来说，就是将科学知识真实、准确地叙述出来，完整、规范地传达给读者，同时，像讲故事一样，尽量生动形象，通俗易懂，深入浅出，这是对科普期刊的基本要求。这里，科学是对科学知识准确性的要求，叙事是对表达方式和效果的要求。科普期刊只有做到传达知识科学、准确，表达方式浅显易懂，才能达到良好的传播效果，完成科学普及的使命。汤寿根先生（2005）说过："如果我们的科普作家本着人文精神去写与人类息息相关的自然界，用文学艺术的心与笔触去释读科学，呼唤人类的良知和理性，关心人的切身利益，一定会引起受众强烈的感情认同和参与。"而这种充满人文精神和文学艺术方式的表达，能够体现科普期刊的丰厚文化底蕴，在向读者普及科学知识的同时带给读者美的享受。

汤寿根（2005）曾经分析过不少科普大家的文章特色：林之光擅长挖掘古诗词中的气象现象来普及气象知识，同时又给予读者人文精神的熏陶；王振东把诗情画意和哲理遐思，渗透到富有趣味的科学知识之中，诗、哲、知三位一体，不但普及了科学知识，还能净化心灵、培养崇高的精神境界；陶世龙科普作品的最大特点，就是将自然科学与中国文史相融合，使人在理解科学知识的同时，又得到民族文化的熏陶。

这些优秀的科普作家，其成功之处无一不是用人文精神进行科普创作，优秀的科普期刊也当如是。用人文表达去诠释科学，不但有助于读者更加深刻地理解、领会科普作品中的科学知识，而且能够触动读者的心灵，调动他们的情感，激发他们的思维，培养他们高尚的精神境界，从而体现科普期刊的深厚底蕴，更好地达到科学传播的目的和效果。

对于优秀的科普期刊，科学叙事和人文表达，如鸟之双翼、车之双轮，如果比翼齐飞，齐头并进，完美结合，就能够各自发挥其认识事物的独特作用，而且交相融合，互为补充，相映成趣，能使科普期刊呈现出独有的个性魅力，成为具有高尚精神享受的文化产品，赢得读者的喜爱。

《中国国家地理》在这方面堪称典范。它把"推开自然之门，昭示人文精华"作为办刊宗旨，把探究人与自然相处原则作为期刊的价值追求，将地理与人文相结合，是把人文精神、人文内容引入自然科学类期刊的完美尝试，取得了极大的成功。它的叙事科学、准确、冷静、客观，它的表达和表现手法体现了艺术的多样性，它坚持自然的题材从人文的角度进行雕琢，人文的焦点注重联系和阐释自然的背景，创建了富有个性和魅力的文体文风（霍键，2010），也使期刊形成了自己的特色。

第3节 科普期刊的社会功能

一、责任意识——助力全民科学素质提升

科普期刊的内容质量是科普期刊的生命，在读者心中具有较大的影响力，所以科普期刊要正确地引导读者，使读者不盲目迷信，有鉴别力和正确的价值判断能力，进而培养读者健康、科学的阅读习惯，这是科普期刊不可推卸的责任。21世纪初期，由于部分期刊急功近利地为"吸引读者的眼球"，出现了一些虚假的科普新闻和哗众取宠的科普作品，这有悖于科普期刊的创办目的与初心。作为有责任担当的期刊，无论何时，都应当让读者在准确的时间点看到期刊，这是期刊对读者的尊重，也是期刊尊重契约的表现。其次，科普期刊应该清楚地知道作为一种文化产品，社会效益是第一位的，在健全的市场经济体制下，应该做的是寻找社会效益和经济效益最大的结合点，而并不是为了经济效益就可以牺牲社会效益。刘泽林（2005）指出：科普期刊在迎合读者口味的同时一定还要去引导读者，让他们有一个健康愉快的阅读习惯，最终目的是要通过宣传科普知识来改善人民的生活质量。

二、教育功能——传播科学知识

科普期刊是宣传普及科学知识的期刊，其对公众的教育功能不言而喻。把科学家语言转换成大众理解的语言，把最新的科学知识向大众传递，让大众理解科学，这是科普期刊的职责。

出版工作者要始终明确出版物传播的是内容，而非载体本身，不管出版介质是纸质还是电子，其核心价值不变，就是要使出版物发挥公共服务的社会价值，发挥科普期刊的教育功能、文化功能，让读者通过阅读其内容不断地进步与成长。编者应在内容的原创性、科学性、趣味性、艺术性等方面下大功夫，打造精品，用精品丰品牌，用品牌拓市场，不断提升期刊的影响力（季慧，2017）。在很多行业，科普期刊的教育作用还体现在政策的宣传方面。例如农业类期刊可加大农业政策法规的宣传力度。宣传"依法治农 以法兴农"，以法维护农业技术的推广体系建设，是当前我国农业科普期刊办刊的重要任务（廖光勇等，2014）。我国在不同的历史时期按照农业的生产现状出台的与之对应的农业政策法规，科普期刊就起到了出色的宣传作用。科普期刊所刊发的内容都来源于生产实践与科学试验的结合，代表了一个时代的特定学科、专业以及行业的最新发展形式，展示了农业科学技术的发展路径。相关农业机构也能够从科普期刊中得到最新的科技信息，这些信息最终成为设计我国农业科技发展的总体规划和政策的重要依据。

三、科学解疑——帮助大众解决生活中的实际问题

这个方面专业科普期刊起到了重要的作用。细分市场的结果是专业科普期刊针对性变强，让读者从期刊中找到自己渴望解决的科学技术问题。比如农业类的期刊很多时候可以促进生产力的直接转换。农业类期刊是体现我国农业各战线上工作业绩的平台，是农业研究人员发表科研成果、交流经验的重要窗口（刘天星等，2014）。每一项农业研究成果发布后，通常都会经过农业科普期刊这个枢纽传递至我国乡村、农户，最终实现科普的传播价值，推动农村经济发展，促进社会进步。很多情况下，农业生产工作人员在实际工作中常常会面临自身无法处理的难题，对新农业技术的掌握和推广都存在一定障碍，而通过农业科普期刊的报道及传播，通过对实际问题的正确引导，便能够让受众在实践中进一步认可、接纳并最终广泛应用这些技术。同时，农业一线工作者在科技成果转化中面临困境时，利用科普期刊的反馈，也能够让科技人员得到最新、及时和有价值的研究信息。农业科普期刊对农业知识及相关政策的推广和宣传，是推动我国农业发展不可或缺的重要条件。

四、潜移默化——科学素质培养润物细无声

科普的目标不是造就新的科学家，而是把个人体内原本具有的科学素质唤醒（夏文华，2014）。尽管我们不要求每个人都"上知天文，下知地理"，但作为生活在新时代的人，需要更多地了解周围的世界，了

解自然，一方面可以解答"天才少年"的"十万个为什么"，另一方面，也让自己更能适应现代化的生活节拍。无论是地理类科普、动植物类科普，还是地质类科普、天文类科普，凡是涉及大自然的科普期刊，都能够让读者在阅读中拓宽自己对大自然的认识领域，潜移默化地提高自身科学素养。农业科普、林业科普及电学科普，在提升科学素养的同时，还可以提升读者解决实际问题的能力。

还以农业科普期刊为例，农业类科普期刊可以提高农业生产人员的综合素质，国内农业技术推广系统的人员也通过期刊这一桥梁，利用在这里发表论文，更全面地展示自我，提升素质和才干（张建梅，2016）。农业科技人员从中得到了持续性的学习，并且在开展研究、撰写论文的阶段中，获得多方面的鼓励，培养了农业科技人的科学精神，并进一步在后续的农业技术推广中发挥了至关重要的作用。科普期刊的出版直接推动了农业部门的管理水平，原因就在于农业科普期刊无论是在传播体制创新、管理创新、运行创新、提升生产效能等诸多方面都有所涉足，这样一来就对各个地区的技术传播和管理交流起到了良好的潜移默化作用，推动了各个层级传播部门管理水平的提升，促进了农业从业干部、职工的工作主动性，提升了效率，推动了技术传播和服务工作的进行，让传播队伍在推动农产业增产、农民增收中发挥了巨大的现实作用。

五、着眼未来——启迪少年儿童智力

在科普期刊中，除了综合类期刊涉及少年儿童外，另外还有约10%的专门针对少年儿童的科普期刊，这类期刊在知识性的基础上，更多地涉及了动手制作、科普活动、小型科技创新产品的赠送等，多方位、多角度地诱发少年儿童对科学知识的热爱与追求，启迪少儿智力。

当代科技教育具有开放性、丰富性、关联性和关怀性的特征（吴旭君，2005），在知识传递与能力培养、校内教育与校外教育、显性课

程与隐性课程等方面的融合越来越突出。在当前背景下，我们不能将目光局限于学校的科技教育和传统课程，应当重视校外科技普及、科技传播的教育力量。科普期刊同其他大众传媒一样，是整个科技教育的重要组成部分，因此有必要在科技教育视野下审视科普期刊的重要作用和发展策略，使其更好地发挥作用，提高青少年科技素质。

参考文献

[1]《现代汉语辞海》编纂委员会. 现代汉语辞海［M］. 北京：新华出版社，2002：674.

[2] 辞海编辑委员会. 辞海（缩印本）（1989年版）［M］. 上海：上海辞书出版社，1989：1187.

[3] 陈广仁. 融合人文精神，提升科普效果［J］. 科技导报，2010，28（14）：120-121.

[4] 付玉晶. 浅谈医学科普期刊的"三性"：科学性、可读性、实用性［J］. 新闻世界，2013，（12）：78-80.

[5] 韩霜. 科普期刊的"新媒体"探索之路［J］. 经营与管理，2015，（7）：19-20.

[6] 黄绮生，王甲东，周昆. 科普期刊报纸化趋向分析［J］. 编辑学报，2002，（3）：201-202.

[7] 霍键. 当代科普期刊的困境与出路［R/OL］. 豆丁网，http：//www.docin.com/p-762901304.html.

[8] 阚南，刘德生，俞敏. 科普期刊应对新媒体挑战的几点思考［C］. 北京：科普期刊和科技类报纸科技传播能力建设交流培训资料.

[9] 季慧. "定""拓""融""通"：青少年科普期刊生命力的提升策略：以《未来科学家》全媒体出版探索为例［J］. 编辑学报，2017，29（6）：586-589.

[10] 姜波. 论科普期刊的科学特质与人文精神 [J]. 传媒观察, 2015 (12)：45-46.

[11] 李冷月. 科普期刊出版背后人文价值理性的思索 [R/OL]. 人民网, 2013-10-14.

[12] 林少甫, 张振弘. 试论医学科普期刊特点对编辑素质的要求 [J]. 中山大学学报论丛, 2003, (5)：43.

[13] 廖光勇, 李春, 沈颖. 电子目录对科技期刊的宣传与传播 [J]. 中国科技期刊研究, 2014, 6 (12)：1495-1498.

[14] 刘建明. 宣传舆论学大辞典 [M]. 北京：经济日报出版社, 1993：1460.

[15] 刘天星, 孔红梅, 段靖. 科技期刊传播技术、期刊功能和商业模式的历史演变及相互关系 [J]. 中国科技期刊研究, 2014, 12 (10)：1215-1223.

[16] 刘泽林. 新形势下科普期刊的发展探索 [R/OL]. [2005-11-14]. http：//www.cast.org.cn/n35081/n35668/n35728/n36479/10195280_3.html.

[17] 汤寿根. 人文精神与科普创作 [R/OL]. 人民网, http：//scitech.people.com.cn/BIG5/1056/3297915.html.

[18] 吴旭君. 科技教育视野下青少年科普期刊发展策略 [J]. 中国出版, 2013, (3)：22-24.

[19] 吴旭君. 利用社会科技教育资源促进青少年科技素质的研究 [D]. 上海：上海师范大学, 2005：20-21.

[20] 夏文华. 科普期刊发刊词与民国时期的科普思想 [J]. 自然辩证法研究, 2014, 30 (5)：95-100.

[21] 许并生. 科学叙事学论纲 [J]. 山西大学学报（哲学社会科学版）, 2011, 34 (3)：13-20.

[22] 许文深, 陈俊. 论科技期刊责任编辑与同行专家审稿 [J]. 编辑学报, 2002, 14 (2): 101-102.

[23] 新闻出版总署教育培训中心编. 期刊出版工作法律法规选编 (第三版) [M]. 北京: 中国大百科全书出版社, 2012: 414-415.

[24] 张建梅. 科普期刊在未来科技传播中的支撑作用: 以农业科普期刊为例 [J]. 科技传播, 2016, (1下): 41-42.

[25] 赵湘. 论科普期刊的时尚表达 [J]. 中国科技期刊研究, 2014, 25 (5): 628-631.

[26] 赵湘. 论科普期刊策划的时效性把握 [J]. 新闻传播, 2018, (8): 60-61.

第3章 新中国科普期刊的发展历程及特点

第1节 概 述

在研究科普期刊之时,首先分析近20年来与科普及科学传播有关的文献分布,以期从这些数据中,看到科普近20年的发展。

2000年以后,科学普及与提高全民科学素养的呼声越来越高。以"科学传媒"为关键词,采用全文搜索模式,在中国知网上查找相关文献,截至2019年6月30日,近20年来发表文献1065篇,高峰是2014年,发表文献110多篇(图3-1)。2010—2016年间处于峰值期,发表文献年均在60篇以上,明显多于其他年代,通过数据表明这个时期对科普传播较为重视,且持续时间较长,非常有利于科普期刊的发展。科普期刊在科普传播中起着非常重要的不可替代的作用,因此,也得到了极大的关注与发展。

吴限和谭文华(2015)对国内外科普期刊的发展有一个简单对比:德国当前发行的科普期刊的创建历史总体而言并不长,其最早的综合类科普期刊创建于1964年(《科学画报》),最早的分科类科普期刊则创

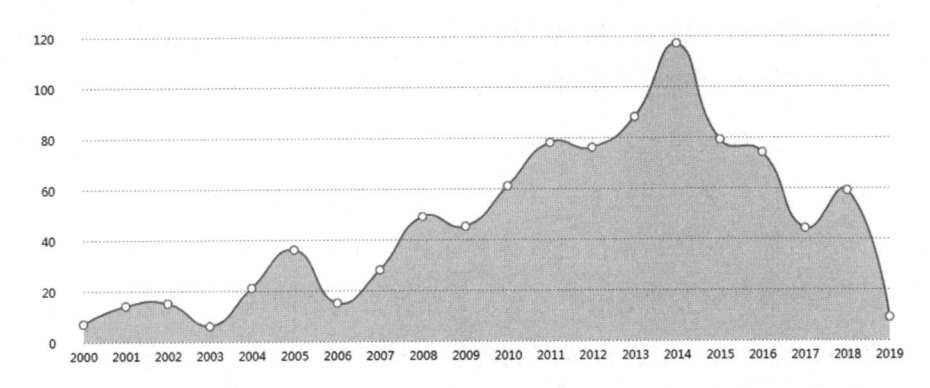

图 3-1 2000 年以来涉及科普传播的文献发表量（截至 2019 年 6 月底）

建于 1962 年（《星星和太空》）。且综合类科普期刊中刊龄小于等于 10 年的占了该类期刊总数的一半。相比之下，美国的《科学美国人》创刊于 1845 年，《国家地理》创刊于 1888 年，而中国现存最早的综合类科普期刊《科学画报》的出版可追溯到 1933 年，中国最早发行的少儿科普杂志《我们爱科学》创刊于 1960 年。其实，中华人民共和国成立后的第二年，我国就创办了延续至今的最有名的科普期刊《地理知识》（现《中国国家地理》）和《农业知识》。1956 年创办的《知识就是力量》、1958 年创办的《航空知识》，都是新中国科普发展史上鲜明的旗帜。因此，中国有足以让自己骄傲的科普出版传统，不必因为自己的科学产生与发展迟于西方国家而在科普期刊出版方面产生消极负面情绪。

诸多学者和期刊经营者从自身的从业角度和期刊社会反响等方面对科普期刊的发展做了不少研究。在现状分析方面，王亦军（2006）提出，读者群体的不稳定、应试教育的影响以及科普期刊先天性不足均是科普期刊难办的症结所在。霍键（2007）则认为，目前科普期刊的困境在于"内忧外患"，"内忧"源于期刊对受众的定位不明确，传播内容缺乏市场竞争力，"外患"则源于市场大环境的改变。刘明华（2008）认为，期刊办刊理念没有以人为本、内容脱离读者的阅读需求，同时科普作者、编辑队伍的青黄不接亦是期刊发展动力不足的潜在原因。付玉晶（2014）指出了传统科普期刊发展存在的不足，认为网络时代阅读方式的改变和网络化转型的瓶颈是制约科普期刊发展的根本原因。在应对策略上，王汝斌（2013）指出，应通过精办专题策划、形成自主特色来吸引读者，并结合新媒体发挥资源价值，拓宽发展渠道。李雪等（2015）则借全媒体的东风，认为出版者可从有形期刊产品、无形信息服务和增值服务这三条路径来规划期刊的发展方向。张波（2016）提出的"推进科普期刊的新媒体转向""经营语态转向"和"运营模式转向"这三重转向较为合理地指出了期刊未来转型思路。综上所述，现有研究主要结合科普期刊自身的特点，针对期刊内容、发行渠道、作者队伍、编辑部建设等方面，提出了一些应对措施。

第2节 科普期刊发展历程

中国科普期刊的发展道路，和中国科普事业发展每一个阶段的特点息息相关，其科普期刊的重点和特点都有侧重与不同。关于中国科普期刊发展历程的划分，不同的人有所不同，前人的主要研究成果主要有刘新芳（2010）划分的4个阶段和初新霞（2011）划分的5个阶段。

刘新芳（2010）认为，中国的科普事业经历了开创与探索阶段（1949—1976）、恢复与发展阶段（1977—1994）、反思探索阶段（1995—2001）以及创新发展阶段（2002年至今）。2002年6月29日，世界上第一部科普法——《中华人民共和国科学技术普及法》颁布，中国的科普事业进入蓬勃发展阶段。在大环境促使下，科普期刊也有了较快的发展与提升。

（1）科普事业开创与探索阶段（1949—1976）：这一时期，科普期刊的刊载内容以基础知识和实用技术知识为主。据统计估算，截至

1965年，中国的科普期刊约有55种，《科学画报》《科学大众》《化学世界》《地理知识》《知识就是力量》等是当时影响力较大的科普期刊（刘新芳，2010）。

（2）科普事业恢复与发展阶段（1977—1994）：随着这一时期科普工作全面恢复和发展，在"学科学、爱科学、用科学"的社会环境下，科普期刊迎来了中华人民共和国成立后的辉煌岁月，创办了大量新刊，科普期刊发行量大增（《科学画报》《大众科学》等期刊的发行量都超过了100万册）。据统计，1988年，85%的科普期刊发行量都在10万册以上。但在1988年以后，由于多种原因，科普期刊的数量虽不断上升，但发行量却在走下坡路，为了生存，许多综合类科普期刊，纷纷转型为生活类、游戏类、教辅类的专业性科普期刊（刘新芳，2010）。

（3）反思探索阶段（1995—2001）：这一时期，国家加大支持科普创作力度，但总体来看，仍缺乏精品期刊。在经历了科普期刊的蓬勃发展后，这一时期期刊的发行量逐渐走低，多数期刊的发行量在10万册以下，尤其是综合类科普期刊，发行量更是每况愈下。科普期刊没有跟随社会和市场的需求及时进行调整，是造成这一现象的主要原因（刘新芳，2010）。

为了扭转这一局面，各科普期刊社开始寻找突破口，尝试引进国外知名科普期刊，通过版权合作的方式先后创刊了一系列科普期刊。例如，1996年，中国科协引进 *Popular Science*，创办《科技新时代》；1998年，科学出版社引进 *Newton*，创办 *Newton* 科学世界；2000年原机械工业部机械信息研究院与美国IDG公司合作，引进 *Popular Mechanics*，创办《大众机械师》；2002年，天津科技出版社与美国迪士尼公司合作，创办《科学与生活》等。这些国际知名期刊的引进，给中国科普期刊界带来了一股短暂的"清流"，但在经历了初期的蓬勃发展后，引进期刊也出现"水土不服"现象，纷纷停刊或者转型（刘新芳，

2010；初迎霞等，2011）。

（4）创新发展阶段（2002年至今）。政府的高度重视、公民科普观的转变以及社会的全面参与，尤其第一部科普法的颁布，使得中国科普事业迎来了历史上发展的最好时期，但也面临着市场化的挑战。

在计划经济体制影响下，本土科普期刊从内容到设计上均难以满足读者不断增长的需求，因此发展一度缓慢，过去曾一度畅销的《科学画报》《知识就是力量》等老牌科普期刊也出现了经营困难的情况。为了摆脱困境，科普期刊社大多采取改版的方法来救市，如将黑白印刷改为彩色印刷，改变期刊版式设计，创新运用封面优势等。在这一轮改版风下，《知识就是力量》《科学世界》《中国国家地理》的发行量有了提升（刘新芳，2010；初迎霞等，2011）。

初迎霞等（2011）认为，科普期刊这一社会资源从中华人民共和国成立初期至今，经历了创刊、停刊、再创辉煌、进一步进展、受挫转型5个阶段。1988年，在全国2951种科技期刊中，科普期刊有150种，占比5.1%。当时，发行量超过10万册的科普期刊有127种，发行量超过100万册的期刊有6种；1995年，科普期刊达到252种，在当时全国4386种科技期刊中占比5.7%，然而这一阶段，科普期刊发行量却在普遍下滑；2009年年底，全国科技期刊共有5100余种，其中科普期刊455种，占比达8.9%，但发行量超过10万册的科普期刊仅有45种，超过100万册的科普期刊只有1种（季慧，2017）。

中华人民共和国成立后科普期刊的发展，到底是怎样的一个历程？存在着哪些问题与不足？今后的发展趋势如何？期刊发展有无规律可循？作者带着这一系列问题，对中国的科普期刊进行了调研与探讨，试图解答头脑中存在的一些疑惑。

本次研究充分利用网络资源，对科普期刊资料进行广泛的收集，同时利用邮局的报刊征订目录，对期刊的资料进行收集整理。研究共收集到科普期刊相关名录有创刊时间的353种。中华人民共和国成立之前创刊的8种期刊，分别创刊于上海4种，北京1种，南京1种，福州2种。创刊于上海的1915年的《科学》、1933年的《科学画报》、1946年的《电世界》和1948年的《大众医学》；1934年创刊于北京的《世界知识》；1937年创办于南京的《科学大众（科学教育）》；1940年创刊于福建福州的《福建农业》和《青年科学季刊》。从这8种期刊的创刊地来看，中华人民共和国成立前上海无疑是中国的科技文化中心，8种期刊有4种创办于上海，可见上海在当时中国的地位之重要。除了《电世界》几经停办复刊，其余7种期刊可以说是长盛不衰。下面分析中，将把这8种寿命很长的期刊一并讨论。这样，本报告所研究的期刊共有353种。

从新中国科普期刊创办数量曲线（图3-2）可以非常明显地看出，1978年之前，科普期刊创办数量很少，处于缓慢增长阶段，而且这个时期创办的科普期刊以农业期刊为主；1978年科学的春天到来，科普期刊也出现了一个创办高峰期，1979年、1980年两年的创刊数年均在10种以上，最多的是1979年，达到16种；到1985年，创办再次出现一个高峰年，年内创办期刊18种；之后近10年时间，每年的创办期刊

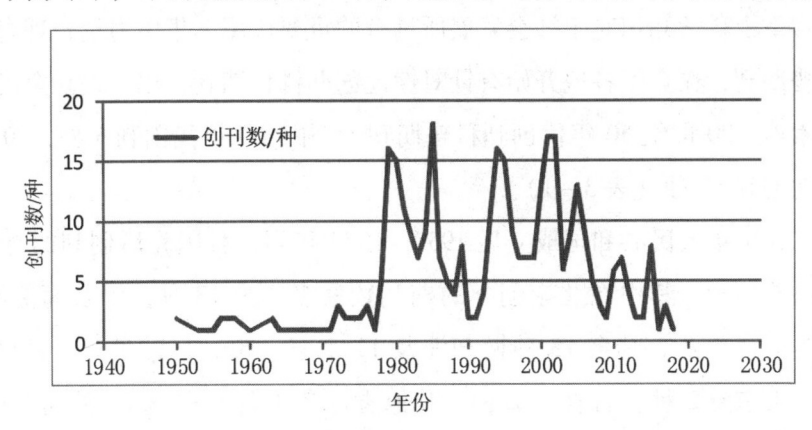

图3-2 中华人民共和国成立后科普期刊年创办数量曲线

数都在10种以下，到1993—1995年再次出现创刊高峰期，3年分别创办期刊12种、17种和15种；5年后再次出现创刊高峰年，2000年、2001年、2002年连续3年创办期刊数在10种以上，分别为15、15、16种；最后一次创刊高峰年出现在2004—2006年，3年创办刊数分别达10、11和11种；之后的近15年，年创刊数都小于10种，而且出现了数年创办期刊数量均少于5种的现象。

期刊的创办数量与持有水平，反映了社会对期刊的重视程度，同时也是科普期刊市场发展规律的一个体现。作者主要根据期刊创办与停办的数量，将期刊发展划分为5个阶段：（1）中华人民共和国成立头30年，科普期刊艰难起步，体现农业大国特色；（2）科学的春天催生科普期刊蓬勃发展（1978—1986）；（3）期刊分化前的准备阶段（1987—1992）；（4）细分市场，大浪淘沙，期刊发展的新高潮阶段（1993—2006）；（5）期刊市场成熟期（2007—2019）。

一、中华人民共和国成立头30年，科普期刊艰难起步，体现农业大国特色

中华人民共和国成立初期，我国处于百废待兴的困难时期，但国家非常重视科学知识对于社会发展所具有的重要作用，集中力量合理布局科普期刊，在全国各地开始有针对性地创办科普期刊，用以提高全民科学素养。20世纪50年代创刊科普期刊11种，60年代创刊5种，70年代初创刊12种（表3-1）。

在中华人民共和国成立后1950—1977年间，我国先后创刊的有28种科普期刊，其中在北京创办的期刊数最多，为13种，涉及面宽泛，多为学科普及。其余15种期刊涉及11个省、市、自治区，山西省3种，山东省2种，吉林省2种，其他省区各1种。在这28种期刊中，关于农业的就有10种，占比为35.7%，可见作为农业大国，适应社

生产需要、提高农民整体素质是当时国家形势下最重要的任务。科普期刊急社会之所急，对推动农业发展起到了举足轻重的作用。

表 3-1　1950—1977 年科普期刊创办基本情况

序号	刊名	创刊年	现刊期	创办地	主管单位	主办单位
1	农业知识	1950	周刊	山东省	山东省农业厅	山东农业知识杂志社
2	中国国家地理（地理知识）	1950	月刊	北京	中国科学院	中国科学院、地理科学与资源研究所和中国地理学会
3	河北农业	1953	月刊	河北省	河北省农业厅	河北省农业厅
4	无线电	1955	月刊	北京	中华人民共和国工业和信息化部	人民邮电出版社
5	农家致富	1956	半月刊	江苏省		江苏省农村经济杂志社
6	知识就是力量	1956	月刊	北京	中国科学技术协会	中国科学技术协会、中华全国总工会、团中央委员会
7	学科学	1956	月刊	北京		中华全国科学技术协会
8	航空知识	1958	月刊	北京	中国科学技术协会	中国航空学会
9	天文爱好者	1958	月刊	北京	中国科学技术协会	中国天文学会、北京天文馆
10	山西科技	1959	半月刊	山西省		山西省科学技术协会
11	山西果蔬通讯	1959	月刊	山西省		山西省果树科学研究院
12	我们爱科学	1960	旬刊	北京	共青团中央	中国少年儿童新闻出版总社
13	汽车文摘	1963	月刊	吉林		
14	现代舰船	1963	半月刊	北京		全国船舶信息中心

续表 3-1

序号	刊名	创刊年	现刊期	创办地	主管单位	主办单位
15	农村科学实验	1964	月刊	吉林	吉林省科学技术协会	吉林省科学技术协会
16	今日科技	1969	月刊	浙江		浙江省科学情报研究所
17	新农业	1971	半月刊	辽宁	辽宁省农村经济委员会	辽宁省农村经济委员会、沈阳农业大学
18	科学实验	1971	月刊	北京		科学出版社
19	安徽农业	1972	半月刊	安徽	安徽省农业科学院	安徽省农业科学院
20	山西林业科技	1972	季刊	山西	山西省林业厅	山西省林业科学研究院、山西省林学会
21	化石	1972	季刊	北京		中国科学院古脊椎动物所
22	环境保护	1973	半月刊	北京		
23	江西农业科技	1973	月刊	江西		江西省农业科学院
24	现代农业	1975	月刊	内蒙古	内蒙古自治区农牧业厅	内蒙古自治区农牧业科学院
25	少年科学	1976	月刊	上海		上海世纪出版股份有限公司、少年儿童出版社
26	现代物理知识（高能物理）	1976	双月刊	北京	中国物理学会高能物理学会分会	中国科学院高能物理研究所
27	环球少年科学	1976	月刊	山东		青岛出版社
28	航空档案	1977	月刊	北京	中国航空工业集团公司	航空工业档案馆

新中国创办的第一本科普期刊，是1950年山东省创办的《农业知识》，这充分彰显了农业在我国经济发展中的重要地位。

从表3-1中的期刊的名字就可以看出，在首都北京创办的13种科普期刊，涵盖了国民生活中所涉及知识的方方面面，有9种内容专一的期刊，分别涉及地理、航空、物理、环保、舰船、无线电和天文；4种是知识面较宽的综合类，普及所有的科技内容（《知识就是力量》《我们爱科学》《学科学》《科学实验》）；而其他11个省市所创办的15种期刊，10种是关于农业和林业方面的，2种少儿类期刊，2种综合类期刊，1种汽车类期刊，这充分说明各个省市都十分重视农业生产。我国是个典型的农业大国，农业知识具有非常大的宣传与普及空间。

如今，这些期刊依然具有强大的生命力，除了《学科学》与《现代物理知识》（原刊名为《高能物理》）依旧保持为高级科普的双月刊外，《山西林业科技》一直为季刊，其余期刊为月刊，《我们爱科学》已经办成了旬刊，《农业知识》已经发展成为4种不同版本的月刊，正在为我国的农业发展起着积极的推动作用。山东省创办的《农业知识》是中华人民共和国成立后山东省创办的第一份期刊，目前已经形成4个版本，读者面为农村基层干部、技术人员、种植大户、规模养殖场、科技示范户和农资企业，这对山东和我国的农村致富、发展起到了很好的促进作用，如今依然走的是低价位、大发行的道路。中国科学院主办的《地理知识》在2000年改名为《中国国家地理》，经过大的转型后，目前成为科普期刊成功发展的典范。

这部分期刊的特点：一是适应社会发展的需求，目标读者定位准确；二是办刊人员基本功扎实，都是抽调的科研一线能力强的人员办刊；三是前期国家大力支持，资金有保证，后期市场转变快，能够适应市场经济的发展需要。

二、科学的春天催生科普期刊蓬勃发展（1978—1986）

20世纪70年代末至80年代中期，伴随着科学春天的到来，科普读物，尤其是科普期刊的市场也日趋繁荣起来。《大自然》《科学生活》《百科知识》等深受读者的殊爱，其间不少出版社也因为大力出版科普期刊而一举成为名牌社，如上海科普出版社、科学普及出版社和科学技术文献出版社。

在1978—1986年这9年时间里，共创办期刊101种，平均每年创办期刊11.2种；创刊最多的两年是1980年和1985年，当年创办期刊19种；其次是1979年，当年创办期刊达到16种。科普期刊的蓬勃发展无疑与1978年科学大会的召开密切相关，同时也标志着我国科学春天的真正来到（表3-2）。这期间创办而在后期停刊的有7种期刊，均在2000年后停刊，另外94种期刊正常出版，说明绝大多数期刊的定位是合理的。

表3-2 1978—1986年间创办期刊分布情况

创办地	创办数量	期刊类别	刊名	备注
北京	40	涉及科技生活多学科的方方面面，兵器占4种，相对突出	气象知识，百科知识，建筑知识，铁道知识，石油知识，舰船知识，兵器知识，轻兵器，现代兵器，国外坦克，世界发明，世界博览，电子世界，少年科学画报，小牛顿，大自然，科技生活，科学之友，现代化，北京农业，家电科技（家用电器），太空探索，农民文摘，学与玩，森林与人类，中国花卉盆景，绿化与生活，科学养鱼，中国健康月刊，大家健康，家庭医学，中国健康教育，父母必读，地图，金属世界，当代矿工，汽车之友，中老年保健，航空档案，健康	《世界发明》2008年停刊，《中国健康月刊》2011年停刊，《中国健康教育》《航空档案》停刊

续表 3-2

创办地	创办数量	期刊类别	刊名	备注
上海	9	科学综合为主	世界科学，自然杂志，自然与科技，科学生活，少年科学，小学科技，现代家庭（文化综合类），食用菌，园林	
天津	7	健康类为主	智力，家庭育儿，开卷有益求医问药，健康文摘，职业与健康，长寿，汽车运用	
江苏	7	教辅，农业	科学养鱼，物理之友，中学生物学，祝您健康，物理教师，江苏安全生产，中国禽业导刊	
重庆	4	教辅类	课堂内外（小学版），课堂内外（中学版），课堂内外（高中版），农家科技	《农家科技》2002 年停刊
云南	4		云南农业，奥秘，今日民族，华夏地理	《华夏地理》2008 年停刊
四川	3	综合类	科幻世界，大自然探索，纸和造纸	
甘肃	3	农业为主	农业科技与信息，甘肃农业，飞碟探索	
浙江	3	科技综合	科学 24 小时，今日科技，新农村	
湖南	3	农林	中南林业调查规划，湖南农业，第二课堂	
黑龙江	3	林业，生活	家庭生活指南，防护林科技，家庭美容健身	
湖北	2	农业为主	花木盆地，农家顾问	
福建	2	林业，生活	林业勘察设计，科学与文化	
其他省市	11	农业占接近 50%，其次是健康类	农村百事通（江西），农村科技（新疆），农村新技术（广西），农家参谋（河南），现代农业（内蒙古），文博（陕西），小康生活（安徽），青年科学（辽宁），人人健康（山西），家庭医生（广东），大家健康（吉林）	《小康生活》2006 年停刊
合计	101			

这个阶段创办的科普期刊有如下几个特点：

从创办地来看，全国范围内有24个省市新创办了科普期刊，这个时期科普期刊在全国各地生根开花，但分布地区具有明显的不均衡性，近50%集中在北京和上海两地。北京有40种，占到40%；上海只有9种，占到9%。其次是天津和江苏省，各自创办科普期刊7种；其余38种期刊分布在19个省、市、自治区内，重庆市和云南省创办有4种期刊；四川、甘肃、浙江、湖南和黑龙江5个省各有3种期刊创刊；福建和湖北2个省各创办期刊2种；创办1种科普期刊的省区有江西、河南、内蒙古、陕西、山西、广西、广东、辽宁、吉林、安徽和新疆。

从期刊内容来看，覆盖科技内容较广泛的综合类科普期刊有18种，说明综合类科普期刊发展势头依旧迅猛；其次是和农业有关的期刊，有14种，说明农业内容依然是这个时期科普期刊的创办重点；少儿类科普期刊11种，和健康有关的科普期刊有10种，这两类期刊有了突飞猛进的发展，也为后期这两类科普期刊的发展打下了基础；和工业有关的期刊有7种，和林业有关的期刊有5种，和兵器有关的期刊有3种，家庭生活类大众科普期刊有3种，民族知识与文化类科普期刊有2种，和汽车有关的期刊有2种，和电子电工有关的期刊有1种。可见科普期刊全面开花，已有专业领域市场细分化的苗头。

从以上科普期刊的创刊类别可反映出，我国的科技水平有了很大的发展，同时农业依然处于主导地位，由于农业生产的地域性强，这个时期创刊的农业期刊是对上一个阶段地域性的很好补充；健康类和少年儿童类科普期刊的突飞猛进，说明国家的经济发展水平已经得到提高，开始从国家层面上关注国民的身体健康，同时更大力度地关注少年儿童的身心健康和成长。此外，关于工业和林业的科普期刊也开始有所突破，说明国家已经关注到了工业的大规模发展，林业发展也得到了重视。

三、期刊分化前的准备阶段（1987—1992）

这6年期间，我国创办科普期刊30种，平均每年创办5种。30种期刊依然主要分布在北京，有15种，占比50%；江苏省4种，占13.3%；河北省3种，河南省与广西壮族自治区各有2种，上海、天津、黑龙江和辽宁各1种（表3-3）。

表3-3 1987—1992年间创办期刊分布情况

创办地	创办数量	期刊类别	刊名	备注
北京	15	健康类占35.7%	当代海军，海陆空天惯性世界，汽车与驾驶维修，家电维修，电器，农业新技术，解放军健康，中国保健营养，母子健康，化石，科技潮，健康与美容，健康指南，科技文萃	《科技文萃》2005年停刊
江苏	4	教育类占50%	汽车维护与修理，数学之友，美食，中学数学月刊	
河北	3	农业	农村青少年科学探索，科技风，新农民	
河南	2	农业，健康	河南农业，家庭医药	
广西	2	农业，科技	农家之友，家庭科技	
上海	1	通信	现代通信	
天津	1	健康	食品与健康	
黑龙江	1	食品	饲料博览	
辽宁	1	网络	网络与信息	
合计	30			

从内容看，农业类期刊和健康类期刊依然是重点创办期刊，分别创办有5种；涵盖面宽的科普期刊有2种，与汽车维修内容相关的科普期刊有2种，电器及维修类的期刊2种，地质类科普期刊1种，军事类1

种，物理类1种。

这段时间，国内科普期刊创办要求相对平静，基本上处于休眠期，创办的期刊均是对前期办刊的有力补充。目前这些期刊只有1种停办，其他均在正常运行，说明期刊市场定位准确，能够适应社会发展与市场需求。

值得一提的是，这个时期创办的期刊更处于专业化，其中《化石》是关于地质学的科普期刊；《海陆空天惯性世界》是中国惯性技术学会主办的国家级期刊，主要介绍海陆空天各领域的新技术知识、军事科技知识、武器装备知识及在国防和国民经济建设中广泛应用的惯性技术知识。这类期刊针对性更强，是市场细分化的前奏与尝试。

四、细分市场，大浪淘沙，期刊发展的新高潮阶段（1993—2006）

1993—2006年这14年间创办期刊总数达到150种，平均每年创办期数达到了10.7种，接近第一个创办科普期刊高潮期。这段时间里尽管中间有1996—1999年的创办期刊低潮期，但这个低潮期平均每年创办期刊也在4.5种，其他年份的期刊创办数都比较多，科普期刊数量得到了充分的发展。

从期刊创办地来看，北京依然是最主要的科普期刊创办地，14年间创办期刊87种，占该时期全国总创办期刊数的58%，体现了北京作为科技文化中心不可撼动的地位；创办期刊相对较多的其他省区有：创办5种期刊的广东省、黑龙江省、江苏省上海市；创办4种科普期刊的湖南省、云南省和陕西省；创办3种科普期刊的吉林省、山西省、河南省和天津市；创办2种期刊的有7个省市，分别是江西省、重庆市、湖北省、安徽省、浙江省和海南省；其他省市创办期刊为1种或是没有创办期刊（表3-4）。可以说，这个时期全国各地都有新的科普期刊创办，但仍然以北京为主。值得注意的是，这个时期广东省创办的科普期刊较多，到2006年底，广东已经拥有的科普期刊数达到了6种，从原来只有 1 种科普期刊，到基本赶上其他省区市的期刊数。

表 3-4　1993—2006 年间创办期刊分布情况

创办地	创办数量	期刊类别	刊名	备注
北京	87	健康、电脑、汽车为主	电脑爱好者，家庭中医药，健康大视野，健康世界，电脑编程技巧与维护，电子游戏软件，动物大世界，海洋世界，环球探索，家用电脑与游戏，科技文萃，摄影与摄像，现代军事，药物与人，中国青年科技，办公自动化，大众软件，科普画王，科学中国人，汽车维修与保养，汽车与安全，新电脑，中国食物与营养，个人电脑，科技新时代，科技中国（中国科技画报），农村养殖技术，世界环境，图形科普，微电脑世界，百年潮，中国科学美容，城市与减灾，世界航空航天博览，糖尿病新世界，兵器，电脑画报，航空世界，科学世界，科学新闻，电脑校园，科学养鸽，青年科学向导，少年电世界，生活与健康，时尚健康，数理天地（初中版），数理天地（高中版），网友世界，电脑爱好者（普及版），环球军事，科学大观园，汽车时代，文明，小聪仔，中国保健食品，中国科技教育，中华养生保健，保健医苑，防灾博览，今日科苑，科幻画报，汽车知识，人与生物圈，养生大世界，家庭医学，科学健身，青春期健康，博物，当代军事文摘，健康之家，生命世界，糖尿病天地，现代保健，中外健康文摘，大众电脑，航天员，家用汽车，大科技（百科新说），环球科学，抗癌之窗，科普论文，科普研究，科学种养，世界博览（看中国），新知客，现代家电	《中国青年科技》2008 年停刊，《青年科学向导》已停刊，《少年电世界》停刊，《汽车时代》2006 年停刊，《现代保健》2008 年停刊，《世界博览（看中国）》2007 年停刊，《新知客》2010 年停刊

41

续表 3-4

创办地	创办数量	期刊类别	刊名	备注
上海	5	健康	生命与灾害，自我保健，家庭用药，食品与生活，科学教育与博物馆	
黑龙江	5		农民致富之友，科学养生，新农村（黑龙江），健身科学，乳品与人类	
广东	5	健康	环境，健康时尚，健康之路，快乐巧连智，现代计算机（普及版）	《现代计算机（普及版）》2011年停刊
江苏	5	健康	未来科学家，江苏卫生保健，中国养兔杂志，电动自行车，生物进化	
云南	4	其他	科海故事博览（科技探索），农村实用技术，致富天地，人与自然	
陕西	4	少儿	医药与保健，青少年科学探索，小哥白尼军事科学画报，小哥白尼趣味科学画报	
湖南	4	少儿	发明与创新，科学启蒙，人车路，电脑安全专家	《人车路》2012年停刊
天津	3	少儿	快乐科学，青少年科技博览，数码世界	
吉林	3		洗车维修，求医问药，奇闻怪事	
山西	3		山西农业，科学之友，健康向导	
河南	3		果农之友，科技创新，舰载武器	
湖北	2		中外妇儿身心保健，今古传奇	
浙江	2		健康博览，小爱迪生	
重庆	2		肝博士，电脑迷	
安徽	2	少儿	少儿科技，绿色视野	
江西	2	少儿	聪明泉，科普天地	
海南	2	综合	大科技，网络科技时代	《网络科技时代》2008年停刊

42

续表 3-4

创办地	创办数量	期刊类别	刊名	备注
河北	1	少儿	少年发明与创造	
广西	1	健康	健康生活	
辽宁	1	健康	食尚保健	
山东	1	综合	科技致富向导	
甘肃	1	综合	未知与探索（后改名：文化博览）	
四川	1	自然	看熊猫	
福建	1	综合	世界科幻博览	2008年停刊
合计	150			

从科普期刊内容上看，这个时期创办的期刊，农业类科普期刊已经不再是重点期刊，14年内仅创刊3种，而健康类科普期刊已经成为创刊数量最多的期刊，这个时期创办了36种，占据总创刊数的24%，说明社会及公众对健康的关注程度进一步提升；涵盖面较宽的综合类科普期刊创办17种（目前已经停办3种）；少儿类期刊创办15种（目前已停办2种）；和人民日常生活相关的科普期刊创办5种；社科类科普期刊创办3种；电子和电脑的期刊13种，也是这一时期创办期刊的重点科普期刊之一；与汽车走进千家万户相呼应，汽车类科普期刊也成为这个时期创办科普期刊的重要方向，这个时期创办5种，涉及汽车维修与保养等知识，但目前已经停刊2种。

这个时期创办的150种期刊，目前已经停刊12种，其中办刊时间最短的是《网络科技时代（数字冲浪）》，仅在2002年出版12期就停刊；湖南省公安交警总队和湖南省交通工程学会主办的《人车路》于1998年创办，2003年停刊，出版30多期。这说明一是国家支持力度减弱，开始让市场说了算，出现了适者生存的竞争局面；二是期刊定位不准,难以适应市场化的需要;三是市场上各种科普期刊处于相对丰富阶段,不再像以前那样,民众面对科普知识"饥不择食",已经可以从科普期刊中选择适合自己相关内容的期刊,形成了期刊与读者相互选择的动态过程,不适应市场的期刊,就难以再存活下去。

五、期刊市场成熟期(2007—2019)

自从 2007 年起,到 2019 年中华人民共和国成立 70 周年,科普期刊处于一个较稳定的成熟发展阶段。这 14 年共创办新的科普期刊 35 种,其中 25 种创办地为北京,占比达到了 71.4%;上海创办 2 种,其他省市创办期刊数各不超过 1 种。当然,这 35 种期刊中已经停刊的有 4 种(表 3-5)。

从表 3-5 可以看出,这个时期创办的期刊已经体现出明显的细分市场定位。原有领域内创办期刊定位更为明确,新的领域对补充科普期刊进行细分。比如环保与生态、国土资源方面等,都有新的科普期刊出现,这对提升公民的科学素养极为有利。

表 3-5 2007—2019 年期间创办期刊分布情况

创办地	创办数量	期刊类别	刊名	备注
北京	25	领域细化	幻想 1+1,恐龙,新概念电脑,硅谷,环球中医药,自然密码,环球人文地理,科技创新与品牌,生物技术世界,数码摄影,数字生活,中国科学探险,少年时,科学家,天天爱科学,国土资源科普与文化,生态文化,中华环境,科普创作,新能源经贸观察,健康与营养,中医科学养生,食品安全导刊,食品指南,癌症康复	《恐龙》2011年停刊,《数码摄影》2018年停刊,《数字生活》2012年停刊
上海	2	综合	探索发现,十万个为什么	

续表 3-5

创办地	创办数量	期刊类别	刊名	备注
新疆	1	地理	新疆人文地理	
陕西	1	健康	医药食疗保健	
天津	1	综合	百科探秘	
山西	1	综合	新科幻	2013 年停刊
湖北	1	农业	现代农业科学	
河北	1	少儿	少儿科学周刊	
江苏	1	自然	生物进化	
四川	1	电脑	机器人总动员	
合计	35			

第3节 新中国科普期刊总体特征

一、创刊时间集中在 1978—2006 年

从历年创办科普期刊数量表（表 3-6）可以看出，在中华人民共和国成立后创办的 345 种可查到年限的期刊中，创办期刊数量在 15 种以上的有 8 个年份，创办期刊数量在 10～15 种的有 6 个年份，这 14 个年份集中在 1978—2006 年这 29 年间。每次创办期刊数量的增加，都是和当时的政策有着密切的关系，而与市场关系相对不是十分密切。应该说市场调节作用在这个数据上很难找到答案，但从停刊数据上可以看出，市场从 2002 年起已经起到了一定的作用。在 2002 年前，几乎没有科普期刊停刊，大家都能够"活"在没有太多竞争的市场中，但 2002

年后，每一年都会看到科普期刊停刊的身影（表3-6），生存竞争已经出现。这个时候再创办期刊高峰值的到来，应该是市场调节作用的结果，2004—2006年创办的期刊，应该都是市场细分后的结果。新创办的期刊，如果能够找准定位，就能够蓬勃发展起来。

表3-6 历年创办科普期刊数量

创办年	刊数/种	停刊/种	创办年	刊数/种	停刊/种	创办年	刊数/种	停刊/种	创办年	刊数/种	停刊/种
1950	2		1978	5		1992	4		2006	11	2
1953	1		1979	16		1993	12		2007	4	2
1955	1		1980	19		1994	17		2008	3	3
1956	2		1981	8		1995	15		2009	5	
1958	2		1982	9		1996	9		2010	1	1
1960			1983	7		1997	6	1	2011	9	3
1963	2		1984	11		1998	6		2012	5	1
1964	1		1985	19		1999	7		2013	2	1
1971	1		1986	7		2000	15		2014		1
1972	2		1987	5		2001	15		2015	2	
1973	2		1988	5		2002	16	2	2017	2	1
1975	2		1989	10		2003	7	2	2018	0	1
1976	3		1990	3		2004	10				
1977	1		1991	2		2005	11	1			

注：1）表格中没有出现的年份，表示当年没有创办科普期刊。
    2）停刊数是指以往创办的期刊在当年停刊数量。

二、科普期刊主办地区域分布极不平衡

作为中国科技、文化、政治中心的首都北京，科普期刊的发展具有十分丰厚的优越条件，因为这里集中了大量的大型研究机构与高水平的

大学，同时各种学会、协会总部也多数在北京，因而也就成了知识传播与科学普及最有利的战略高地。从各省市办刊数量来看，在353种科普期刊中，有181种在北京出版（表3-7），占出版期刊总数的51%；其次是上海、江苏和天津，这也是科普期刊出版种数在10种以上的省市，3个省市出版科普期刊48种，占科普期刊出版总数的13.6%。即使如此，这3个省市的总数还不到北京的三分之一，其他省市科普期刊数量就更少了，可见科普期刊在我国的分布极其不均衡，地区间的差距十分巨大。科普期刊主办地的分布是否合理？这种分布是否有利于我国公众科学素养的提升？这是需要深入思考与探讨的问题。

表3-7 不同省、市、地区办刊数量分析

分布地区	期刊数/种	综合	养生保健	农业	少儿	汽车	电脑	其他
北京	181	51	33	6	11	7	18	55
上海	18	8	3	0	3	0	0	4
江苏	18	1	3	4	3	2	0	5
天津	12	1	5	0	2	1	2	1
黑龙江	9	0	3	4	0	0	0	2
云南	8	3	0	2	0	0	0	3
山西	8	3	2	3	0	0	0	0
湖南	7	1	0	2	2	1	0	1
河南	6	1	1	3	1	0	0	0
广东	6	0	3	0	1	1	0	1
河北	6	1	0	2	3	0	0	0
吉林	6	0	2	1	0	2	0	1
陕西	6	0	2	0	3	0	0	1
重庆	6	0	2	1	3	0	1	0

续表 3-7

分布地区	期刊数/种	综合	养生保健	农林	少儿	汽车	电脑	其他
浙江	6	3	1	1	1	0	0	0
湖北	5	0	1	2	1	0	0	1
四川	5	2	0	0	0	0	1	2
辽宁	4	1	1	1	0	0	1	0
安徽	4	1	1	1	1	0	0	0
甘肃	4	0	0	2	1	0	0	1
广西	4	1	1	2	0	0	0	0
江西	4	1	0	2	1	0	0	0
福建	3	2	0	1	0	0	0	0
山东	3	1	0	1	0	0	0	1
内蒙古	2	0	0	2	0	0	0	0
新疆	2	0	0	1	0	0	0	1
海南	2	1	0	0	0	0	1	0
中华人民共和国成立前创刊	8	6	0	1	0	0	0	1
合计	353	89	63	45	37	14	24	81

三、科普期刊分类特征

科普期刊涉及自然科学和社会科学知识的方方面面，从期刊定位及名称来划分，基本可以分为 11 大类。综合类期刊是指知识覆盖面相对较宽泛的种类，不限于某一知识领域，而是可涉及较多的知识领域，例如《知识就是力量》《科学》《百科知识》。养生保健类期刊是随着人民群众生活水平的提高逐渐发展并增多的一类期刊，因和群众生活休戚相关而发展迅速，如《家庭医生》《中医科学养生》《中国保健食品》；中国是农业大国，农业类科普期刊对提升农民的科学素养起着举足轻重的作用，如《农业知识》《农家参谋》《果农之友》；少儿类科普期刊是最活跃的一类科普期刊，对少儿智力的发展具有较好的启迪作用，比如《博物》《青少年科学探索》《未来科学家》。在分类时，把数量相对不多、涉及单一学科的科普期刊，归为自然科学科普，本书所说的自然科学科普，包括了物理、生物、海洋、地理、地质和环境几个大类，比如《地球》《生物进化》《海洋世界》。在此基础上，得到了科普期刊分类特征图（图3-3）。

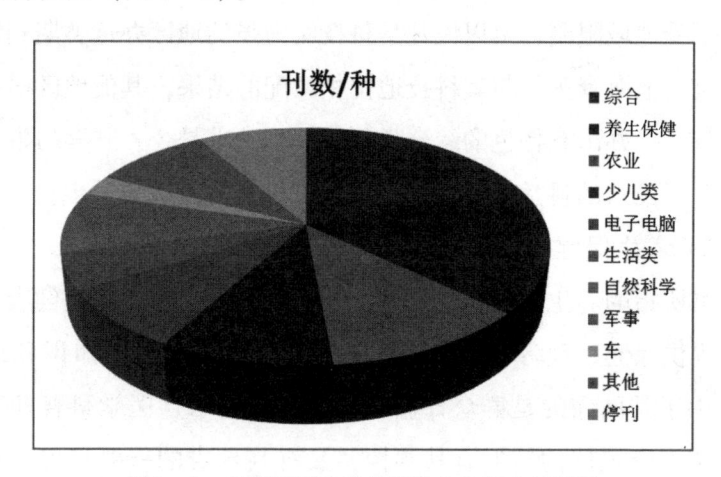

图3-3 科普期刊分类特征各占比例分析饼图

从不同省、市、地区办刊数量分析表（表3-7）可以看出，能够明显区分种类的科普期刊，其中综合类占比最多，有89种，占总数的25.2%；其次是养生保健类，有63种，占比17.8%；第三类是农业类，有44种，占12.5%；第四类是少儿类，为38种，占10.8%；其他类型的科普期刊占比均小于10%。在其他种类的期刊中，比较突出的是和军事有关的12种期刊，其中11种出版地在北京，另外有1种出版地是郑州。

（一）综合类科普期刊

综合类科普期刊，是指面向大众、读者对象相对宽泛、内容局限性较小的科普类期刊，一般涵盖内容可以是各类学科，工农商学兵，语数外史地生，所有这些内容这类期刊都可以策划刊出，当然每个期刊都有自己的侧重，也都有重点与方向，形成了自己鲜明的办刊特点，这也是综合类期刊相对红火的原因所在。

在这个"庞大"的科普期刊队伍中，主办地领头羊当然是北京了，出版综合类科普期刊 51 种，占了 57.3%；上海出版 8 种，占 9.0%；其余 33.7% 的期刊（30 种）分布到了 18 个省、市。综合类期刊知识点宽泛，不受地域限制，可以说凡是科技实力强的地区办这类期刊都有优势，北京、上海牵头是与其科技地位相匹配的结果，其他地区根据自己的学科特长，办出有特色的综合类科普期刊，也是令人欣喜的事情，有力地提升了民众的科学素养，推动了国家科技的发展与进步。

（二）养生保健类科普期刊

本书所指的养生保健科普期刊，是面向群众，以提高其健康素养为宗旨，提供保健、预防、治疗、康复、健康饮食等健康知识和理念的期刊。由于其面向的是群众日益增长的健康需求，医学科普期刊的转型与传统大众媒体的转型有其共性，又有其自身的行业特点。这类期刊共有 63 种，分布于全国 16 个省市（表 3-7），主要分布于中东部地区，西部及边远地区几乎没有这类期刊，这也与经济发展的不平衡紧密相关。经济发展的不平衡，直接影响到了公民文化生活与健康水平的提升。

健康饮食保健等内容，是与地域有着直接关系的科普，应该结合区域的人民群众生活，做适合当地民众需要的科普，推广科普知识，在提高民众生活质量的前提下，提升民众的科学素养，从而补齐民众科学素养的短板。

（三）农业类科普期刊

农业类科普期刊是传播农业科普知识，服务"三农"，帮助农民学科技、用科技的有效载体，这类载体可以把专业难懂的农业科研成果与科学技术，转变为广大农民喜闻乐见、易于接受的科普知识，并运用到实际生产、生活中，促进农业现代化的发展。这里的农业类期刊，包括农、林、牧、渔等行业，是指大农业概念的农业类期刊。

在353种科普期刊中，主要内容面向农业类的科普期刊有45种。与其他类别的期刊相比，这类期刊北京占比明显要少很多，在北京主办与出版的农业类期刊只有6种，占13.3%，这远远低于其他类别的期刊占比。另一个特点是，几乎全国各地都有自己出版的农业类科普期刊，这也是符合办刊方针的，因为农业类期刊所讲述的内容，是地域性十分明显的，离开了当地的实际情况，很难指导当地的实际农业生产。这也说明，农业类科普期刊的发展，从地域角度来看，还是相对合理的，基本上能够满足社会的需求。

（四）少儿类科普期刊

少儿类科普期刊，是指教辅材料之外、与实际教学内容相距较远的广义的科学知识普及类期刊，这类期刊不是仅限于学生的课本知识内容，而是有别于课本内容，同时是对课本内容的拓展与补充，是培养少年儿童科学素养不可缺少的一部分。

少年儿童科普期刊的设计都需要在图文上下大功夫，因为视觉的冲击往往对少年儿童的吸引力更大，只有这样才能够让更多的少年儿童爱上科普期刊。这样精心设计下的美图美文，让读者能够享受到4个层次的阅读愉悦感。第一层次是读图，可以欣赏到高清晰度的美图，唤醒读者身心的每一个细胞，接受起来更容易。第二层次是读故事，了解图片后面发生的事件及其缘由，从而明白事情的发生与发展。第三层，学到相关的科学知识。第四层，思维逻辑的潜移默化训练与形成。科普文章在通俗易懂的优美语言下，更要求严谨富有逻辑性，这也是十分必要的。读者在阅读这样的文章后，能够得到一定的启示与启发。

在 353 种科普期刊中，主要内容面向少年儿童的科普期刊仅有 37 种，这 37 种期刊分布情况为：北京、上海、江苏和天津合计 19 种，占 51.4%；其他 48.6%分布于 11 个省市中，陕西、重庆和河北各有 3 种，又占据了半壁江山。很多省市是没有自己创办的少年儿童科普期刊的，这也是值得关注与思考的问题。当然，像《博物》等办得好的科普期刊，在全国各地都办有分店，可以带动全国各地少儿科普市场的发展。

第 4 节　科普期刊发展理论综述

科普期刊的发展除了科普期刊工作实践，也需要有科普期刊发展与办刊理论的不断探索，经验总结及失败教训分析也是促进科普期刊发展的必要条件，因此，作者调研了已经发表的与科普期刊相关的文献，试图从中找到一些规律性的内容，推动科普期刊的不断进步。

中国科普期刊起步不算晚，但真正地发展壮大起来，应该是从 1978 年十一届三中全会之后，伴随着科学春天的来临，科普工作也开始在中国的大地上开花结果。但科普期刊理论的发展与研究，势必会落后于科普期刊的发展。因此，作者所研究的这部分内容，来自近 20 年来的网上可收集到的文献，这也是科普期刊快速发展近 20 年后的一个时期，应该说科普期刊发展积累了一些经验，也发现了一些问题，需要大家共同来探讨解决。

充分利用中国知网数据库，查询从 2000 年以后的近 20 年来，文章中涉及"科普期刊"关键词发表的文献，共查到 921 篇，发表文献最多的年份出现在 2002 年和 2011 年（图 3-4），相应年份内分别发表文献76篇和88篇。这些文献对于科普期刊研究理论的发展，起到了推动作用，同时也推动了科普期刊事业的不断向前发展。

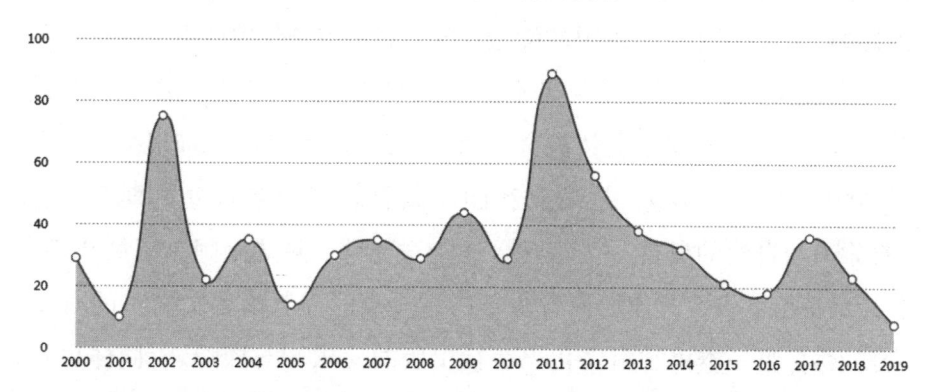

图3-4 2000年以来涉及科普期刊的文献发表量（截至2019年6月底）

在全民科学素质行动网上，2017年11月发表了陈丽君整理的《中国科普期刊的现状与未来》一文（陈丽君，2017）。该文章指出：我国的科普期刊必须清楚地意识到自身存在的问题，积极探索和寻求突破口，才能真正实现科普期刊的社会化，真正达到普及科学的目的。该文章首先指出了中国科普期刊存在的问题，分析了科普期刊在发展道路上的迷茫与探索，指出了未来办刊方向的有益尝试。以下部分内容来自陈丽君文章，个别细节与用词稍有修饰与改变。

一、中国传统科普期刊现状堪忧

自从改革开放以后，各行各业都开始了市场化的探索。经济领域的探索带动了文化领域的探索和发展。报纸和期刊领域由于政策的影响，发展速度很慢。这种状况直到今天也没有发生很大的改观。从经营模式上看，多数以发行收入为主，广告收入虽然增长，但是所占份额非常小。但是无论如何，市场化的改革还是不可避免地开始了。

期刊市场重新分化组合，过去那些发行量动辄百万的有名期刊发行量开始下滑。大多数这类期刊都在艰难度日，虽然有些刊物办得不错，但是，总体来说这类期刊的前途渺茫。20世纪50年代，由周总理亲自批准的带有明显时代痕迹的《知识就是力量》，也由于体制和各种因素的影响，已经到了举步维艰的境地，开始思考市场化的道路。

虽说我国每年都会涌现出不少新的期刊，但大多是生活类、金融类、汽车类、电子类、英语教育类和时尚类的，科普类的却很少。创刊于2001年的《探秘》，是湖北新闻出版管理部门亲自办的期刊，以"探索人与自然的奥秘"为宗旨，还赠送光碟，热热闹闹办了两年多，最后坚持不下去，改成面向青少年的"全新时尚版读者文摘"的《阳光搜索》。另一本由甘肃文化出版社出版的《求知与探险》，同样也是创刊于2001年，原本是科普类期刊，坚持了三四年后，于2004年改为《文化博览》，从名称上看，它已经不是科普类期刊了。最令人扼腕叹息的是《科技文萃》，这本办了近20年的大部头科普期刊，由于亏损，实在坚持不住，于2005年停刊。

同样，外国与中国合作出版的科普期刊也没有逃脱不断改换门庭的命运。其中，最具有代表性的就是美国的《科学美国人》（*Scientific American*）。1978年，全国科技大会召开，与会的不少科学家见到中译本的《科学美国人》，反响很好，于是决定出版。《科学美国人》虽然出身好，根子正，但是，后天营养不良。在1979年转移到中国科技情报所以后，由于中美双方的合作出现了一些问题，更重要的是，这本科普期刊并没有能够完全按照市场经济的规律进行运作，发行量一直上不去，最终导致合同中断。

在新的形势下，在计划经济体制下诞生、至今仍然在按照计划经济体制管理运行的科普期刊的命运，已经显露出下滑和颓废的趋势，而且这种趋势越来越明显。科普期刊面临着生死存亡的选择。

二、市场化、细分化、国际化是趋势

2015年以来，科普期刊的发展出现了新的趋势。总结起来大约可以概括为：市场化、细分化、国际化。

市场化。科普期刊开始逐步脱离计划经济的发展模式，向市场化转变，而且事实证明，不走市场化道路的期刊是没有生命力的。过去那种教育倾向的知识灌输模式在网络信息、报纸信息和快速交通工具迅猛发展的形势下，已经受到大众信息的排挤，处于劣势。科普期刊要想生存，必须走大众期刊的市场化道路。

细分化。细分化指的是科普期刊对自己的定位和读者群体的选择要形成自己刊物的风格、主题、内容、价格以及发行范围，形成自己的市场和领域。要想在这个市场和领域中做大做强，只有这样才有生命力。实际上，细分化也是市场化的具体操作模式。

中国科普期刊的市场化虽然还不是很发达，但是现在已经出现市场细分化的趋势和特征。比如《中国国家地理》已经占据了人文地理科普类期刊的重要市场份额。《科学世界》和《环球科学》属于专业科普类刊物，只有具备较高科学素养的人才能读懂。

国际化。我国早在20世纪70年代就开始引进西方发达国家的科普期刊。但是，由于版权、合作和发行量等方面的各种问题，一直处于断断续续的状态。与国际期刊合作科普期刊的基本模式多数都是：大力引进西方科普类期刊的思想和观念，通过中国编辑对自己的目标读者群口味的确认，进行本土化的改造。简单地说，就是借用西方科学办刊的魂，实现在中国本土科学知识和信息的传播。在编辑风格上，适合快节奏的现代人生活；文章短小，与中国人的生活和工作现实更接近；内容力求现代、新奇、新颖和倾向于未来。

三、科普期刊改革探索

科普期刊历经了计划经济、改革开放和逐步开始新经营模式转型的几个阶段。科普期刊自身的特点和定位决定了其与众不同的曲折发展道路。

彻底放弃单位所有、部门管理的模式，坚定不移地走市场道路。这不仅仅是管理模式的转变，而是让科普期刊回归真正意义上的科学知识供给的市场化，彻底摆脱"教育式的"和"说教式的"旧模式。在计划经济思维方式管理下的科学普及必定无法摆脱"我说什么你听什么"的知识传播模式。这种模式不是按需供给，而是分配供给。前者与目前我们的社会发展整体模式相一致，而后者则是在现代的社会发展模式下固守落后的知识传播形式。

我国现在已经基本完成了社会模式的转型，但是，科普期刊仍然处于落后的状态。我国应该放弃期刊部门所有、挂靠国家行政管理部门的落后管理方式，让科普期刊与其他所有的大众期刊一样，走上社会，让市场选择。只有这样，才能实现文化资源分配的最大优化。

突破领域局限，走跨领域合作的道路。长期以来，某个部门拥有了一个科普期刊就牢牢地将其把握在自己手里，即使是半死不活也不拿出来进行跨领域的合作。这种不灵活的方针导致期刊越办规模越小，越来越没有出路。

中国科学院植物研究所在这个方面做出了有益的尝试，而且取得了可喜的成功。中国科学院利用自己生物学领域研究的影响与高等教育出版社联合创办了《生命世界》期刊。这个期刊由高教出版社出资，由中国科学院植物所出编辑力量共同出版。这个期刊内容涵盖范围广泛，包括医药、卫生、植物、环保、旅游等，可以说是一个以生命科学为主轴、延伸至所有相关领域的、以生命科学领域研究与教学人员为主要读者群的大型科普期刊。目前刊物已进入良性循环的发展模式。

国际化道路——借船出港。从已合作的科普期刊的成功经验看，我国科普期刊与国外合作的时机已经到来。尽管有人认为，中国的期刊目前还是整体实力偏弱，影响力不大，甚至国内的一些配套政策还不十分完善，但是，时机还是在逐步成熟。从现在合作的主要方式上看，一般为两种渠道：第一是进出口，就是由国家指定的进出口公司进口国外期刊。第二是版权合作，国内期刊通过版权合作使用国外期刊的图片、文章资料。一些国际大品牌的期刊多年来一直在研究中国读者的需求和口味，然后依靠他们成功的市场运作经验，以各种渗透的方式进入中国期刊市场。但是，目前大多数进入的市场是文化娱乐、工业、科学技术、机械制造、财经和时尚等领域，科普领域还是少数。相信在不久的未来，将会出现很多国际合作的科普期刊。

总之，我国的科普期刊必须清楚地意识到自身存在的问题，只有积极探索和寻求突破口，才能真正实现科普期刊的社会化，真正达到科学普及的目的。

四、多维度科普期刊研究

学术界对于科普期刊及其数字出版工作也给予了较高的关注。以"科普期刊数字出版"作为关键词分别检索知网、万方、维普三大数据库后可以发现，三大数据库收录的研究科普期刊数字出版的文献还比较少，说明针对科普期刊数字出版方面的研究还很薄弱。通过将检索到的文献按年分类后发现，学界对于科普期刊的研究重点多侧重于以下四个方面。一是具体分类下的科普期刊发展研究，较为集中于医学类及农业类。如王淑君等（2014）通过总结《保健医苑》的办刊实践，认为医学科普期刊不仅要在内容上贴近读者，还要在栏目创新等方面彰显特色；又如周国清和王小椒（2012）重点分析了当前农业类科普期刊发展所面临的困境，认为其应重视农民读者的需求。二是针对科普期刊内容编辑方面的研究，如内容呈现形式、导读系统设置等。赵湘（2014）从编辑、推广等方面分别探讨了科普期刊的时尚需求和时尚表达的必要性；赖瑞丹和汪光年（2014）则重点论述了导读系统设置对于科普期刊的重要性并提出了提升我国科普期刊整体导读水平的意见和建议。三是科普期刊微博应用方面的研究。如张光斌（2012）分析了主流科普期刊的微博内容，重点探讨了微博对于科普期刊的互动营销作用；丘彩霞等（2013）对9种健康科普期刊的新浪微博进行了调查分析，认为科普期刊应通过微博将自身转变为以信息传递为中心的健康服务者。四是科普期刊运营方面的研究，特别是市场化运营方面的研究。如杨光（2014）从资金、内容特点及重要性等四个方面探讨了《科学美国人》中文版的市场化运营经验和教训。而学界对于科普期刊数字出版的研究主要集中在2011年。如高宏（2011）以农业科普期刊为研究对象，通过阐述数字化期刊的内涵以及其带给农业科普期刊的挑战，进而分析了农业科普期刊数字化现状及存在的问题并提出了对应的发展思路。又如李法宝（2011）分析了医学科普期刊开展手机出版的必要性，阐述了其进行手机出版的策略，即强化手机阅读和创新商业模式。

参考文献

［1］陈丽君整理．中国科普期刊的现状与未来［EB/OL］．全民科学素质行动网．http：//www.kxsz.org.cn/content.aspx?id=2053&lid=14．

［2］初迎霞，孙明，张品纯．我国科普期刊的发展历程［J］．编辑学报，2011，23（4）：288．

［3］付玉晶．传统科普期刊在新媒体时代的发展探究［J］．传播与版权，2014，（2）：44-45．

[4] 霍键. 当代科普期刊的困境与出路 [D]. 北京：中央民族大学, 2007.

[5] 高宏. 农业科普期刊如何应对数字化出版浪潮的冲击 [J]. 中国科技期刊研究, 2011, 22 (4)：602-605.

[6] 季慧. "定""拓""融""通"：青少年科普期刊生命力的提升策略：以《未来科学家》全媒体出版探索为例 [J]. 编辑学报, 2017, 29 (6)：586-589.

[7] 赖瑞丹, 汪光年. 科普期刊导读系统的设置 [J]. 中国科技期刊研究, 2014, 25 (5)：623-627.

[8] 李雪, 黄崇亚, 邱文静, 李晓光, 董艺, 薛印胜. 科普期刊全媒体出版创意探析 [J]. 编辑学报, 2015, 27 (3)：210-213.

[9] 李法宝. 论医学科普期刊的手机出版 [J]. 编辑学报, 2011, 23 (1)：72-74.

[10] 刘明华. 科普期刊的发展探索 [J]. 记者摇篮, 2008, (12)：49-50.

[11] 丘彩霞, 黄绮生, 林少甫. 健康科普期刊媒体微博的现状及思考：以9种期刊新浪微博为例 [J]. 编辑学报, 2013, 25 (6)：584-587.

[12] 王亦军. 迷茫中的中国科普期刊 [J]. 今传媒, 2006, (10)：45-47.

[13] 王汝斌. 浅谈新媒体影响下传统科普期刊的发展之路 [J]. 传播与版权, 2013, (3)：48-49.

[14] 王淑君, 高超, 石婧, 于普林. 医学科普期刊的办刊特色实践探：以《保健医苑》为例 [J]. 中国科技期刊研究, 2014, 25 (12)：1533-1535.

[15] 吴限, 谭文华. 德国科普期刊综览与评析 [J]. 科普研究,

2015，(3)：68-74.

[16] 杨光. 科普期刊中文版市场化运营经验教训及发展探讨：以 Scientific American 中文版为例 [J]. 中国科技期刊研究，2014，25(2)：198-199.

[17] 张波. 科普期刊创新发展的三重转向 [J]. 中国科技期刊研究，2016，27(1)：43-47.

[18] 张光斌. 科普期刊的微博内容分析及其应用研究：以新浪微博为例 [J]. 科技与出版，2012，(6)：106-109.

[19] 赵湘. 论科普期刊的时尚表达 [J]. 中国科技期刊研究，2014，25(5)：628-631.

[20] 周国清，王小椒. 农业科普期刊的发展困境及其原因 [J]. 长江大学学报：社会科学版，2012，35(1)：152-155.

第4章 典型期刊的个案分析研究

在本章研究中，期刊选择是首要的问题。在考虑社会影响、创刊时间、专业领域、读者覆盖面、期刊主办地等因素后，试图选择各方面均有代表性和典型性的期刊，因此选择了1950年创办于南京、1951年迁至北京的原《地理知识》（现刊名为《中国国家地理》），1950年创办于济南的《农业知识》，1978年创办于上海的《自然杂志》，1979年创办于北京的《少年科学画报》和1983年创办于广州的《家庭医生》。这5种期刊，从创办地看，分别在北京、上海、广州、南京和济南；从创办年代看，20世纪50年代2个，20世纪70年代2个，20世纪80年代1个，均具有近40年及以上办刊历史与经验；从期刊内容来看，涉及农业、自然、少儿、医学、综合5个方面，在科普期刊大类中也具有代表性。

对典型期刊的研究，从创刊词、封面演变、发展简况等几个方面入手，试图分析其成功经验，为其他期刊提供一定的借鉴。

创刊词的作用即把创刊的目的、意义、背景以及学术的、文化的、思想的主张告诉读者，表达了刊物所处时代的思潮、社会动态。因此，这些内容对于了解科普期刊创刊初衷及其历史背景，了解其所处的特殊时代，了解科学文化的发展，都是重要的原始文献。创刊词不仅仅是期刊思想倡导的旗帜与思想实践的航标，也是期刊的宣言。探求一个期刊创刊词的内在意义，有助于更准确地理解期刊创办者的主办思想及期刊的思想倾向（夏文华，2014）。因此，在典型期刊研究中，首先是找到期刊的创刊词（或发刊词），从源头上去理解一个期刊。

封面是期刊的颜面，对每一本期刊都很重要。封面的演变，可以看出期刊本身的内容演变与故事。在本次研究中，作者尽量将期刊创刊号的封面收集起来，因为封面带着期刊的创意与思想，体现了期刊创办者的思想价值与艺术价值取向。同时，也会将期刊不同转折点的封面呈现给大家，让读者能够透过封面了解该刊的变迁。

在介绍封面、创刊词之后，梳理期刊的发展简况，并对典型事件进行剖析，试图让读者透过一本期刊的发展历程，了解期刊并寻找出期刊发展的某些规律，找到可供借鉴的经验，从而对未来所从事的工作有一点启示作用。

本章部分内容，来自网上百度知识，作者对其进行了整理与编辑；来自其他参考文献的资料，文章中都有标引与注释；框架及部分未标引的内容为作者创作撰写；封面图片部分来自网上图片文库，早期的封面基本上是作者在国家图书馆找到原始期刊后拍摄得到的。

第 1 节　家庭医生

《家庭医生》于 1983 年在广州创刊，由中山大学主办，是一份面向大众的医学科普刊物，以宣传防病治病、卫生保健知识为宗旨，把医药卫生知识和家庭生活中的各种实际问题结合起来，为大众解答疑难，排除忧患，促进身心健康，创建幸福家庭。《家庭医生》发展至今，已经成为一本在全国有着重要影响的医学类科普期刊，刊期为半月刊。

据总部设在英国伦敦的世界期刊联盟做出的1997年世界期刊行业发行量大的50名期刊排名表,《家庭医生》在行业类期刊中排第11名,也是唯一进入该排名表的我国科普类期刊;2003年,新闻出版总署批准实施的全国期刊读者调查结果表明,《家庭医生》列中国国民喜爱的"十种期刊"第三名;另外,《家庭医生》作为目前国内大众读物中仅有的几家"百万大刊"之一,连续两次荣获中国期刊最高奖——"国家期刊奖"。

一、创刊号封面及典型封面欣赏

1983年《家庭医生》创刊时,开本是普通32开,64页,因没有中文刊号,采用的是书号方式出版,每期算1辑,有1个书号,第一、二辑封面相近,为套色,是透过1个窗口看到1个温馨的家庭,如图4-1(a),"家庭医生"刊名镶嵌在心电图曲线当中,前两期只是颜色不同;第三辑开始就为彩色照片,出现了医生与母子形象,贴切地体现"家庭医生"的内涵,如图4-1(b)。自20世纪90年代起,在期刊封面选择上采取了女性照片占主要地位。妇女是家庭的最主要成员之一,某种程度上来说,是一个家庭的核心,教育好一个母亲,就是教育好一个家庭。《家庭医生》封面从女性角度出发,无疑是一个正确的选择方向。《家庭医生》创刊30多年来,封面风格几乎没有改变,如图4-1(c-j),只是随着社会的变化,女性时尚程度与开放程度略有变化,也体现了与社会共同进步的理念。

《家庭医生》关注读者切身需求,以宣传卫生保健知识、关注国民健康护理为办刊宗旨。

新中国科普期刊研究（1949－2019）　>>>

a　1983 年第 1 辑

b　1983 年第 3 辑

c　1992 年第 5 期

d　1998 年第 8 期

e　2000 年第 2 期

f　2009 年第 5 期

g 2012年第1期	h 2012年第5期
i 2013年第16期	j 2017年第3期

图4-1 《家庭医生》不同时代封面赏析

二、创刊词

在《家庭医生》创刊之时，时任广州市副市长陈安良给编辑部写了"祝贺《家庭医生》创刊"的贺词，代为创刊词。原文如下（陈安良，1983）：

我衷心祝愿《家庭医生》的诞生并祝它茁壮成长，为我国实现四化服务，为创造我国医疗卫生工作新局面做出贡献！

目前摆在我们医学工作者面前的任务有两个方面：一是向世界医学高峰进军；二是向我们广大人民广泛宣传、普及医疗卫生科学知识。《家庭医生》正是为了普及医疗卫生科学知识这个目的而创办的。本刊通过刊登专科门诊、家庭护理、卫生知识、计划生育、新医新药介绍等多种形式，题材新颖，内容丰富，文字简洁，通俗易懂，提高读者的兴趣，增长他们的医学认识，为提高整个中华民族的健康水平而努力！让我们广大医学工作者都来关心《家庭医生》这一新生事物吧，我相信它一定能结出丰硕之果！

陈安良

1982年11月15日

尽管此创刊词借用了贺词，但也说清楚了办刊目的——"为了普及医疗卫生科学知识"，同样也提到了办刊栏目——"专科门诊、家庭护理、卫生知识、计划生育、新医新药介绍"等，也介绍了文章特点及对文章的要求：题材新颖，内容丰富，文字简洁，通俗易懂。同时还写清楚了办刊最终目的是"为提高整个中华民族的健康水平而努力"！

通过此文，完全可以了解该刊要向读者传递的所有办刊信息，看到办刊者的心声。

三、期刊发展简况

从出版刊期来看，《家庭医生》1983年创刊时为双月刊，到1985年改为月刊，2002年起改为半月刊，出版周期逐渐缩短，出版效率逐渐提高。从期刊定价来看，可查到的是1996年每期3元，2002年每期3.9元，2011年每期5元，2018年每期6元。价格增长幅度低于物价的增长幅度。《家庭医生》创刊以来发展势头非常好，目前已经形成一个非常庞大的拥有纸刊、网站、电子刊、手机端等多资源的集团。

《家庭医生》在其优秀的品牌和内容支撑的基础上，契合大众对基本医学知识的迫切需要，以中国最专业的健康门户网站为目标，创建了"家庭医生在线"网站（http：//www.familydoctor.com.cn/），并成立"家庭医生在线信息有限公司"对网站进行内容和经营的运营，使其成为具有鲜明专业特色的健康门户网站。其后又组织专业的采编团队，制作和发布系列电子周刊——《家庭医生E刊》。经过多次资源整合及多方合作，最终打造了一个包括《家庭医生》（纸刊）、《家庭医生E刊》（互联网）、手机端（电信网络）、数字和移动电视健康资讯节目（广电网络）、医疗系统数据库、专家在线咨询系统、医院预约挂号系统、健康圈和病友圈论坛、健康调查活动等在内的立体化信息服务全媒体平台。它的成功很重要的一点在于坚守内容为王，优质的内容保障了其网络平台的流量和黏合度，从而带来了一系列的后续发展。可以说，《家庭医生》出版平台突破了传统纸媒的形式，实现了传统科普期刊价值的延伸和拓展。盈利模式也从单一的纸刊销售和广告收入扩展到会员费、网站广告、线下活动、产品销售分成等（俞敏和刘德生，2016）。

《家庭医生》在发行及读者方面，有以下几个明显的特点（百度资料）：

1. 受众规模大。在全国所有期刊中，《家庭医生》以每年370万的读者规模名列前茅。

2. 受众忠诚度高。《家庭医生》的读者中，经常阅读和比较经常阅读的占60.1%，换算成人数高达222万。

3. 《家庭医生》的受众广泛度高。在全国七大区域中，《家庭医生》受众均达到相当规模，从到达率上看，七大区域中地区读者人数少的也有8.4万。

4. 《家庭医生》的受众集中度高。一是区域集中度优势明显。《家庭医生》读者区域分布以华南地区为主，区域读者所占比例达36.2%，换算成人数达134万，在"百万大刊"中名列榜首。二是读者中大多有固定收入，购买力强。《家庭医生》读者中有固定工作的比例在所有读者中占70.5%，比例甚高。三是读者的职位优势明显。《家庭医生》读者在政府/事业单位干部、专业技术人员和公司管理人员这三类高层次职位上的比例高达30.5%，并超过任何一家"百万大刊"。四是《家庭医生》读者家庭月收入5000元以上的比例高达12.7%，个人收入高，家庭富有。

5.《家庭医生》基本读者人数众多。基本读者占其读者总数的72%，换算成人数达266万。

6.《家庭医生》的高端读者比例高。高端读者（收入高、职位高、职业优的读者）家庭数占其读者家庭总数的比例高达7.6%，为"百万大刊"和所有优秀期刊中最高的，高端读者人数（等于高端消费者家庭数）达到10.3万。

7.《家庭医生》独占读者规模大。不论与任何期刊交叉，其独占读者都超出200万。

第2节 中国国家地理

《中国国家地理》，原名《地理知识》，月刊，1950年在南京创刊，由中国科学工作者协会南京分会地理组主办。1951年7月迁至北京，由中国地理学会、中国科学院地理研究所联合主办，李旭旦主编。该刊旨在力争成为读者"认识祖国的向导，瞭望世界的窗口，学习地理的益友"。内容以中国地理为主，兼具世界各地不同区域的自然、人文景观和事件，并揭示其背景和奥秘，此外还涉及天文、生物、历史和考古等领域，是中国较为出名的有关地理的期刊，一直是以传播基本科学知识、弘扬科学精神为己任。改革开放使国力增强，中国人对未知世界有发现的欲望，同时对已知世界也有再发现的愿望。2000年10月该刊更名为《中国国家地理》。

《中国国家地理》是一本科学传播、提供科学话题和谈资的期刊，目前办刊宗旨稍有调整，凝结为"推开自然之门，昭示人文精华"。读者群集中于中产阶级阶层和高素质人群。期刊关注未知世界的新发现和新进展，也致力于对已知现象的再探索和再认识。它用精准、精彩、精练的图文语言，讲述社会热点、难点、疑点，讲述话题背后的地理科学故事。

《中国国家地理》可以说是中国科技期刊界的一个奇迹，更是全媒体融合发展的典范，其发展之路已成为传媒界很多学者的研究课题（俞敏和刘德生，2017）。当然，不论是以前的《地理知识》，还是现在的《中国国家地理》，都已经不能简单地将其定位为科普期刊了，但其向大众传播科学知识的主旨并没有改变，只是更侧重于从人文关怀的视角向大众呈现科学知识。从20世纪末发行量2万册的《地理知识》到最高时发行量破百万的《中国国家地理》，最关键的是重新定位读者及市场后的"内容为王"和"内容创新"。李栓科认为《中国国家地理》最核心的竞争力是有一个强大的编辑部，这正是"内容为王"有力的背书。

以内容取胜的《中国国家地理》不仅正刊长期位列国内最大发行量的精品期刊之一，其推出的增刊、精华本、合辑等也非常受读者欢迎。时至今日，打开中国国家地理网（http://www.dili360.com）可以发现，其传统媒体除拥有《中国国家地理》（多种版本）、《博物》《中华遗产》等纸刊外，还推出了由纸刊内容延伸而来的品种繁多的地理类系列图书、自然百科类系列图书等，很好地做到了书刊融合发展；新媒体也实现了其在2012年提出的发展设想——"四屏"（电脑屏、手机屏、手持客户端和电视屏）业务（俞敏和刘德生，2007）。目前，《中国国家地理》旗下拥有中国国家地理网、中国国家地理官方客户端、官方微博、微信公众号等新媒体。其电子商城可实现各类相关期刊、图书的订阅、邮购等电子商务功能。开设的影视频道，可与期刊、读者进行视频互动，并且成立了国家地理影视公司，制作影像内容。可以说，《中国国家地理》不仅在传统纸媒上超越了其他期刊，其全媒体运营也走在了大部分科技期刊的前列。

一、创刊号封面及典型封面欣赏

从 1950 年创刊的《地理知识》，到 21 世纪蜕变而生的《中国国家地理》，这本期刊经历了最具开拓性的变化，本来的高起点地理知识普及期刊，一跃成为高端期刊，并且很成功。从封面上看，期刊的封面风格几经变化，其中英文刊名也发生了较大的变化，从 *Geographical Knowledge* 到 *Chinese National Geography*，中间具有多少令人学习与借鉴的经验，需要从中慢慢体会。

《地理知识》创刊号仅有 8 页纸，而且封面就是多一个标识，还刊登了内容"在地理学领域内掌握辩证唯物主义"及"发刊词"，可以说俭朴到家了，但那是 1950 年，能够用套色印刷，已经算是很"奢侈"了，如图 4-2（a）。直到 1951 年年底，还是没有专门的"封面"，封面用纸和内文一样，且目录直接就在封面上，如图 4-2（b）。从 1952 年起，尽管目录还在封面上，但用纸已经改用特种纸，如图 4-2（c）。

1954 起，封面又有所变化，主题画面用照片充填，替代了原来的目录刊登在封面上的风格，如图 4-2（d）。1957 年起，办刊主要责任者名字上了封面，如图 4-2（e）。1958 年起，封面风格又有所变化，中国地图与地球为期刊的主要封面，外加责任者与刊名，如图 4-2（f）和图 4-2（g）。直到 1974 年，封面风格再次演变为带有照片的主题，如图 4-2（h）。20 世纪 80 年代，风景照成为封面主体，基本上与前一致，如图 4-2（i）和图 4-2（j），但 1984 年刊名字体发生了改变，如图 4-2（k），由原来的题字改为印刷体字。20 世纪 90 年代，刊名又换回了原来题名的"地理知识"字体，之后又恢复了原来的字体，并且重要文章名录出现在封面上，如图 4-2（l），起到了推荐与引导读者阅读的作用，这种风格一直保持到后面最终改版为《中国国家地理》，才有了新的变化，如图 4-2（m）、图 4-2（n）、图 4-2（o）、图 4-2（p）。

a 1950 年创刊号

b 1951 年第 5 期

c 1952 年第 6 期

d 1954 年第 12 期

新中国科普期刊研究（1949－2019）　>>>

e　1957 年第 2 期

f　1958 年第 12 期

g　1960 年第 4 期

h　1974 年第 12 期

i　1982 年第 8 期

j　1984 年第 7 期

<<< 第4章 典型期刊的个案分析研究

k 1986年第10期	l 1996年第9期
m 2007年第9期	n 2010年第7期
o 2017年第1期	p 2018年第4期

图4-2 《中国国家地理》不同时代封面赏析

二、创刊词

从创刊号《地理知识》的封面可以看出,其创刊词印在了封面中央位置,周边用花纹与其他文字分隔开,非常突出。"创刊词"三个字非常醒目,提醒人们其重要性。创刊词全文如下:

地理学是群众性的学问,因为它和日常生活有着密切的关系,所以我们每一个人都有一些特殊的地方知识。地理工作者做调查研究,除开自己的观察外,必须要依靠访问群众,通过这些群众来收集资料。在国民教育中,地理是学校里一门重要课目,因为一个现代公民,必须对世界的和中国的地理事实有基本的认识。作为一特殊部门的工作者,更需要对那一部门的特殊地理知识,有比较深入的了解,如经济建设工作者便需学习经济地理。

不幸旧中国的地理学被统治阶级所囚禁,和人民群众隔离了。少数地理学者在大学里,在研究所里,执洋教条,写专门论文,完全不考虑人民实际需要。下焉者写反动的政论,取悦权贵,博取名利,其结果害了人民,也害了自己!人民群众中所流行并被欢迎的地理作品,却并非来自受过专门训练的地理学者,而是出于进步作家的手笔。

人民革命的巨大浪潮,推翻了旧中国,解放了地理学。"随着经济建设的高潮,不可避免的是文化建设的高潮。"地理工作展开了空前广阔的前途。地理学者要前进也必须前进。他们开始抛弃个人主义和教条主义的老想法,真心诚意地学习着,想为人民做工作,建立人民的地理学。

这册小小的简陋的刊物,就是南京地理工作者改造自己为人民服务的愿望的具体表现。

首先,这刊物将为中学地理教师们服务,刊载一定分量的地理教材，以补救目前缺少完善地理教科书的困难。将来条件具备时，进一步地编辑教科书。

其次，这刊物将为各级干部们、大中学生们服务，忠实地报道新鲜的、人民需要的地理新闻和必需的、具体的地理知识。

最后，这刊物也是有兴趣于地理学和已经及准备做地理工作者的共同学习园地。培养新地理思想，讨论新时代地理工作方针，团结地理工作者，共同为建设新中国而奋斗。

愿这刊物不断地改进内容，坚持群众路线，由简陋走向充实，由少数人的抚育取得广大人民的支持。祝人民地理学建设的迅速胜利成功！

从期刊发展历史资料上获悉，《地理知识》的创刊词是由吴传钧院士撰写的，但期刊上没有署名，特此做说明。吴传钧（1918年4月2日—2009年3月13日），别号任之，江苏苏州人，人文地理与经济地理学家、中国科学院资深院士。1943年获中央大学硕士学位，1948年获英国利物浦大学博士学位，1991年当选为中国科学院院士。吴传钧院士主要从事综合经济地理（含国土开发整治）和人文地理研究。

三、期刊发展简况

（一）简况

《中国国家地理》的前身是《地理知识》。1950年，我国老一辈的地理学家施雅风、吴传钧等先生从自己的工资里拿出"折实"，在南京创办了《地理知识》杂志，经典由此开始。当时整本杂志只有8页，一年后增至16页。当时的内容包括地理思想、中外地理、自然地理、地图及地理调查法、地理教学、地理资料等。1960年7月，首次遭遇停刊，1961年改名为《地理》并复刊。1966年3月第二次停刊。1972年，《地理知识》是"文革"后期中国最早复刊的杂志之一。1998年，李栓科正式接手《地理知识》并酝酿全新改版，他用全新的视角和形式来诠释地理的内涵。该杂志全面改版，页数增至 84 页，翌年增至 100 页。由黑白改为全彩，由胶版纸改为铜版纸，定价由 4.9 元增至 16 元。1999 年第 1 期，《地理知识》杂志新增"卷首语"专栏，由执行总编单之蔷执笔，此专栏成为杂志的亮点。2000 年 10 月，《地理知识》正式更名为《中国国家地理》，以更大的气魄和胆识来展示中华的博大。随后在中国台湾、中国香港等地推出繁体字版，更是在日本推出日文版。2004 年，《中国国家地理》增至 148 页，并推出青少年版《博物》。2008 年 7 月，港澳繁体版以"中国名片"的姿态直卷全港。2009 年 1 月，杂志价格提升至 20 元，页码增加到 176 页。2009 年 4 月，《中国国家地理》英文版正式出版。2010 年是《中国国家地理》创刊 60 周年，杂志举办了"重温最有影响力的观点""征集改变最大的地方""寻找 60 年传读的世家"和"校园行知客"4 项活动。

（二）《中国国家地理》主要特点

1. 以颠覆常识来吸引公众目光

能否被公众认可和接受是决定传媒存亡兴衰的关键，而这又要以获得关注为前提。根据该刊总编李栓科先生提供的官方解释，这是因为他们始终践行了"内容为王"的原则。任何内容都要经过被关注、认知和解读，其内在价值才能被受众所认识和接受。而受众会注意什么又受到他们既有认识的影响。媒体传递的内容如果既可以归属到他们所熟悉的领域，同时又能提供新的信息，就更容易引起他们的关注。受众的既有认识是诸多观念的有机结合，各种各样的常识是他们构建自己观念世界的基本骨架。其实常识原本就是既为公众普遍知晓，又被他们视为理所当然的观念。所谓重构常识，也就是用新的观念来替代既有观念的常识地位。由于常识在公众知识的体系架构中具有这样的独特地位，对它的重构尝试必然会同时遇到双重境遇：在引来关注的同时也会招来质疑。重构必然意味着要有所颠覆，而公开地试图对既有常识加以颠覆，本身就足以引来公众的关注。对于《中国国家地理》而言，以颠覆常识来吸引公众目光是它的常规战术。例如在它隆重举荐的"中国十大最美名山"中，不仅五岳有四座落选，而且高居榜首的是此前名头并不是特别响亮的南迦巴瓦峰。再如，2003年出刊的四川专号明确表示峨眉青城并非典型的蜀山。这些举措带来的最直接结果就是期刊当期销量明显上升。

2. 选题方针独特

在选题方面，遵循了三个基本原则：一是区域综合性原则。以自然为核心的选题必须揭示其对人类的影响，而人文类选题的命脉则是梳理其兴衰传承的自然背景。二是差异演替性原则。所有自然的更替、人文的盛衰都是在特定的时空范围内进行的，无论是"以今证古"还是"以古喻今"的地理思维，都需要展示大尺度的时空变化。三是原创首发原则。研究性的选题制度以及专家型的制作队伍，确保杂志内容的原创性。而互联网检查制度，又保证了发表内容的独家性。

3. 具有自己的鲜明杂志特色

（1）创建新的文体文风

要求文章用第一人称"我"来讲述，把读者带入现场，设立编辑规范，做好每篇文章的大标题、小标题、引言、抽言等；要求把知识融于话题中，提出了"由头＋知识""事件＋知识""人物＋知识"的模式和"记者＋学者＋诗人＋哲学家"的文体。强调图片和地图独立语言的作用，图片与文字并重，版面达到1∶1。要求精心选取图片并大量选取大尺度的航拍片，写好每张图片说明，充分表达图片信息，保证有足够的文字量和空间。地图是杂志的地理特色，除常用的平面图和晕渲图外，大量采用三维地形图、卫星影像图和高分辨率的卫星遥感图以及手绘图等。

（2）加强期刊整体策划

自1998年第7期首次推出特别策划专辑后，"策划"逐渐成为编辑部的核心工作。从策划一个专辑到全年12期整体策划，已形成4种类型：地理专题，如"用地图克隆中国""沙尘暴的是非""中国的四大美味""地震专辑""选美中国""愧对海洋""秋景""冰川专辑"等；省区专辑，2001年第3期首次刊登台湾地区专辑后，至今已策划16个省区专辑，其中陕西、青海、河南、福建、宁夏均为上下两期；跨地区专辑，如"大香格里拉""中国人的景观大道""塞北西域珍藏版""东北专辑"等；周边国家专辑，如"四性尼泊尔""早安越南专辑""柬埔寨：苦难与微笑""缅甸：多少烟云佛塔中"等。

（3）用新的设计理念，提升期刊品质

首先要求杂志整体视觉设计风格的完整一致，保证杂志视觉形象的协调统一。其次强调信息传达的直接、有效。要求版面设计要有信息的切入点，要第一时间调动读者的阅读兴趣。自改版以来，逐步引入国际上行之有效的网格设计理念，遵循视觉规律，通过理性的设计将大量信息进行有效的规划和梳理，从而使编辑意图表现更加充分，读者阅读过程更加流畅。最后是版面设计追求简约、灵性，有意味的设计形式，强调设计形式对内容的依附性，注重信息传达与阅读趣味之间的平衡，通过设计阅读的延展，拓展想象的空间，丰富阅读的体验。

（4）打造10月超厚品牌

2005年10月号选美中国特辑"中国最美的地方排行榜"，厚达550页，专辑累积发行突破300万册，国家外文局将该期翻译成英、法、德、俄、日、韩、意、西班牙、阿拉伯等文字，由外文出版社出版，面向全世界发售。2006年10月号"中国人的景观大道"专辑410页，中文简体字发行突破100万册；英文版版权由境外公司取得，并以上下卷的形式在全球发行超过20万册；2007年10月号"塞北西域珍藏版"专辑366页；2008年10月号"东北专辑"386页；2009年10月号"中国地理百年大发现"专辑400页。"中国最美的地方"专刊2008年7月成为北京奥组委特选礼品，2010年9月又成为广州亚运会特选礼品。

（5）拓展发行区域，走出大陆，走到海外

2001年6月，《中国国家地理》中文繁体版在中国台湾及海外发行，成为大陆地区唯一原创并由出版人购买版权发行他种文本的杂志。2002年1月，《中国国家地理》日文版以《中国地理纪行》为刊名在日本上市发行，这是中国第一家在发达国家完整落地的媒体。2002年1月，第一届发行年会召开，发行渠道由原来的40多家增长到70多家，发行市场数量比2001年翻了两番。2002年6月，中国国家地理中文网正式开通，网站功能为对每期杂志做内容介绍；地理论坛也同时开放，具有简单的留言板功能。

（6）专辑与特刊的成功出版

2004年7月，推出"大香格里拉"专辑，开始了CNG圈点中国的里程。2005年2—9月，联合全国31个省份的主流媒体开始"中国最美的地方"评选活动。2005年10月，出版的纪念特刊选美中国特辑"中国最美的地方排行榜"创造了传媒界的奇迹，现已被译成十种外文版本全球发行。2006年10月，《中国国家地理》推出"中国人的景观大道"专辑，打造了一条属于国人的景观之路。此专辑也创造了高档杂志单期发行100万册的传媒界奇迹。2007年10月，《中国国家地理》推出"圈点大西北"专辑，用干旱半干旱区的地理概念带领国人重新认识西北。同月，圈点大西北图片展在北京东方新天地及上海正大广场巡回展出。2008年6月，开启"触摸中国"之旅，对中国的八大极限进行全方位考察。2009年10月，时逢新中国成立60周年和中国地理学会成立100周年，《中国国家地理》联合中国地理学会推出《发现中国·中国地理百年大发现专辑·地理学会成立百年珍藏版》，而其子刊

《中华遗产》亦同时推出加厚版特辑《最具文明意义的100个考古大发现——中国百项考古大发现专辑》，带给读者又一次科学与视觉的盛宴。2010年10月，推出杂志社耗时一年制作的"海洋中国"专辑，聚焦海洋，对中国的蓝色国土进行全方位的报道与描绘。海洋专辑分为国土篇、历史篇、地理篇、能源篇和海洋牧场等部分，致力于为神秘而辽阔的中国海疆绘出一幅精美的写真，为读者打开一扇"中国海洋文明之窗"，让国民对海洋不再陌生，让公众的海洋意识全面升级。该期也是杂志总第600期。2011年1月9日至3—4月份，该刊推出上下两辑《盐专辑》，用精美的大图片展示了"盐是一种景观"和"盐与健康"的主题，其间恰逢日本地震海啸引发抢购盐的风潮，该专辑选题被网友赞誉为"未卜先知，想不火都不行"。

（7）融媒体的运用与拓展

2006年3月，《中国国家地理》手机杂志广东移动全线推出。2007年1月，《中国国家地理》手机报作为中国移动唯一人文类手机报在全国重点推出。2008年5月，《中国国家地理》手机电视在中国移动平台上线。2010年12月，中国国家地理iPad全新客户端上线，用户可看到中国国家地理、中华遗产、博物杂志、行天下、中国国家地理手机报（地理周报）等产品，《行天下》还增加了中国国家地理影视公司提供的视频延展内容。

第3节 自然杂志

《自然杂志》创刊于1978年5月。这年春天，召开了"全国科学大会"。会议期间，钱三强说，世界各科技先进国家都有综合性的自然科学杂志，我们自己办一个很有必要。于是《自然杂志》就此诞生。

这本刊名由郭沫若题写的期刊，立刻成为一个标杆（米艾尼，2008）。

《自然杂志》是1978年创刊的科普期刊，目前为双月刊，由上海大学编辑出版，是一本内容涉及自然科学各个领域的学术性、知识性和动态性相结合的综合性刊物，介绍自然科学领域各学科和工程技术方面的最新成就与发展，传播自然科学新知识，支持有创见的新思想、新学说，开展学术交流和争鸣，以帮助读者拓宽知识面，不断提高科学素养。

《自然杂志》的读者对象为科技工作者、教育工作者及工农兵。创刊号刊登对中国科学院副院长钱三强的专访，设有"研究通讯""自然探索""自然信息"等栏目（薛印胜，2019）。

其主要栏目有：专题综述——介绍科学新领域或新理论的综合论述，对某一重大学科领域的全面综述和展望；新技术新方法及探索——对某些专门问题进行介绍，具有较强的知识性；科学人物——介绍近期科学技术发展中杰出人物的事迹。

一、创刊号封面及典型封面欣赏

从《自然杂志》的办刊封面及其刊名来看，刊名及刊名字体也一直沿用郭沫若的题名，相对位置也基本上是一致的，只是英文刊名发生了一定的变化：由最初没有英文名，到第一个英文名字 *Natural Journal*，再到 *Chinese Journal of Natural*，其间也出现了增加汉语拼音的期次，变化最大的是对封面照片及细节处进行的美化与调整。这是该期刊保持相对稳定发展的最好例证。

最初的创刊号，白纸黑字，简洁明快，刊名的汉语拼音用的是绿色字，醒目突出，如图4-3（a）。20世纪80年代中期开始有照片出现，但以黑白照片为主，如图4-3（b），这期封面上既无拼音也无英文，到1980年10月出版的第10期，就改为彩色印刷，如图4-3（c），封面上出现了英文刊名 *Natural Journal*，这种基本风格一直保持到20世纪

90 年代初期，如图 4-3（d）和图 4-3（e）。1993 年起封面开始出现照片全覆盖，刊名处不再保留空白，并且重要文章题目出现在封面上，如图 4-3（f），只是到 20 世纪 90 年代中期原来的英文刊名又换回了汉语拼音，如图 4-3（g）。2009 年起封面的变化体现在英文刊名上，用 Chinese Journal of Natural 替代了汉语拼音（图 4-3h），之后的期刊封面，基本上没有大的变化，只是在黄色的刊名字体下，衬上了蓝色的带有相当于 LOGO 的条幅，英文刊名为白色，在中文刊名衬托下，显得更加醒目，如图 4-3（i）和图 4-3（j）。近年来封面上增加了获奖 LOGO 标识，如图 4-3（k）和图 4-3（l）。

a 1978 年创刊号	b 1980 年第 4 期
c 1980 年第 10 期	d 1985 年第 9 期

<<< 第4章 典型期刊的个案分析研究

e 1991年第5期

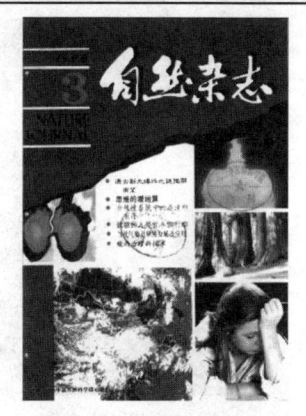

f 1993年第5期

g 1997年第5期

h 2009年第2期

i 2013年第5期

j 2014年第3期

k 2019年第2期　　　　　　　l 2019年第3期

图4-3　《自然杂志》不同时代封面赏析

二、创刊词

《自然杂志》创刊词非常正式，也很长，刊登在第1卷第1期第1页上，讲了在大好形势下，科普期刊的春天到了。创刊词写出了办刊的目的和意义所在，给出了创刊宗旨。全文如下（创刊词，1978）：

在全国科学大会胜利召开的强劲东风鼓舞下，《自然杂志》与广大读者见面了。我们向读者们问好！

"忽如一夜春风来，千树万树梨花开。"全国科学大会的召开，像春风一样煦拂着九亿神州，极大地鼓舞了我们的斗志，武装了我们的思想，明确了我们的战略目标，充分地调动了各方面的积极因素。一场向科学技术现代化进军的伟大革命运动已在大会精神的指引下蓬勃开展。人们向往已久的科学的春天，终于又回到了祖国大地。

英明领袖华主席指出："对于我们来说，社会主义和四个现代化是不可分割的。"我们要实现的现代化，是社会主义的现代化，是要把阶级斗争、生产斗争和科学实验三大革命运动一起抓。伟大领袖和导师毛主席早就指出:"自然科学是人们争取自由的一种武装。"向科学技术现代化进军,就是向自然界、向至今尚未被人类所充分认识的那部分大自然宣战。

大自然,它富饶美丽,是哺育人类成长的母亲。然而它又神秘严酷,也关系着人类的兴废盛衰。人类就是在与自然界的长期斗争中成长和发展起来的。石器时代、青铜时代、铁器时代、蒸汽电气时代、电子原子时代等,反映了人类各个不同历史时期在探索自然、征服自然中所达到的科学技术水平。

二十世纪以来,特别是近三十年来,现代科学技术事业正以空前巨大的规模迅猛地发展着。它的许多重大成就,深刻地改变了人类社会生产的面貌,极大地提高了社会劳动生产率,创造了丰富多样的社会物质财富。现代科学技术的进步,使人类在征服自然、改造自然的斗争中正在取得越来越大的自由。科学技术作为生产力,越来越显出巨大的作用。

为进一步认识自然,改造自然,从自然界中获得更大的自由,这就是《自然杂志》的基本任务和奋斗目标,也是命名的由来。

根据党的发展科学技术的政策和规划,和现代自然科学发展上各学科间相互交叉、渗透的特点,我们将着重传播现代自然科学的基础理论知识,交流国内外最新科学技术的成果和动态,以促进我国科学研究的进展,帮助科学工作者不仅成为本行的"专家",而且是熟悉他行的"肠博士",推动全民族科学文化水平的提高。

根据恩格斯说的"只要自然科学在思维着,它的发展形式就是假说",我们将按照党的"百家争鸣"的方针支持一切在科学上有创见的新思想、新学说和一得之见,鼓励一切勇于向自然界探索真理的实践,提倡学术上的民主讨论,让科学的真理在争论中发展和成长。

以马列主义、毛泽东思想为指导,我们将加强唯物主义思想和自然辩证法的宣传，促使我国科学技术工作者能更好地以辩证唯物主义和历史唯物主义的思想来武装头脑，鼓舞斗志，指导科研，多出、快出成果和人才。

"春风又绿江南岸"，《自然杂志》这块小小的园地，刚绽出一片新绿。我们愿把这块园地奉献给广大科技工作者和教育工作者，以及工农兵读者。让我们大家一起来播种、耕耘和灌溉这块园地，使它能在探自然奥秘，攀科学高峰，向社会主义现代化进军中，在为实现伟大领袖毛主席和敬爱的周总理生前遗愿的伟大事业中，发挥它应起的一份作用！

这是《自然杂志》在1978年创刊号上的创刊词，具有厚重的历史烙印与时代使命感！虽然其中的"征服自然、改造自然"和现在提倡的"与自然和谐相处"不十分一致，但真实地反映了那个时代人类与自然界的关系，同时，"鼓励一切勇于向自然界探索真理的实践，提倡学术上的民主讨论，让科学的真理在争论中发展和成长"也是现在所提倡的。总体而言，创刊词很好地体现出了期刊的办刊宗旨：解读科学前沿动态，奉献原创科普精品，沟通文理两种文化，弘扬科学人文精神。

期刊的读者对象定位为科研人员、高校师生及自然科学爱好者等。主要刊出栏目有：特约专稿、专题综述、科技进展、科学时评、综合考察、科学人物、自然科学史、自然论坛、探索与假说、科学历程、科学与艺术等。

三、期刊发展简况与期刊特色

1978年5月《自然杂志》出版创刊号，月刊，创刊人和主编为贺崇寅，主办单位为上海市科学技术出版社，主管单位是上海市出版局。

1983—1987年，杂志社迁至上海市华山路1954号上海交通大学，主办单位更改为自然杂志社，主管单位更改为上海交通大学。

1987—1994年，主管单位更改为上海市科学技术协会。1994年休刊整顿一年，不接受来稿；1994年4—10月，出版1993年余留的稿件，期号为1993Z1、1993Z2和1993Z3。

1994年10月移交上海大学主办，钱伟长校长希望"把刊物办成沟通不同学科、不同专业的桥梁"。

1995年2月正式复刊，主编汪元章，编辑部主任樊均幼，改为双月刊。

1988年，创刊10周年。7月2日下午，在上海科学会堂，100多位专家学者参加《自然杂志》创刊10周年纪念会。江泽民同志（时任上海市委书记）为本刊题词："祝贺《自然杂志》创刊十周年。"

1998年，创刊20周年之际，钱伟长校长接见编辑部成员并且为杂志题词："发扬创新精神，繁荣科学事业。"

2005年，上海大学聘请董远达为《自然杂志》主编，成立第一届编委会，编辑部主任方守狮。董远达主编把办刊理念总结为：奉献原创科普精品，解读科学前沿动态，沟通文理两种文化，弘扬科学人文精神。

2015年起，在上海市新闻出版专项扶持资金、上海市文教结合基金等项目资助下举办"自然论坛"高级科普系列讲座，每年6讲。

2016年，上海大学聘请吴明红为《自然杂志》主编，执行主编为焦正，副主编李珍，副主编兼编辑部主任方守狮。吴明红在主编寄语中写道：力求让最懂的人讲最真的事。同年，获中国高校优秀科技期刊奖。

2018年5月，在《自然杂志》第40卷第3期上，《自然杂志》编辑部（2018）和段艳芳等（2018）对该杂志的发展进行了很好的总结与梳理，总结出了《自然杂志》的办刊特点。以下内容主要来自这两篇文献。

自1978年5月创刊以来，《自然杂志》已走过40年的历程。念及《论语》中"四十而不惑"的话语，用以回首和展望亦是贴切的，尽管杂志的生命力可能比个人生命历程漫长和持久得多。所谓"不惑"，是指在办刊过程中，对《自然杂志》的办刊理念、定位与方向有了更明确的认识。在此，我们回顾往昔，展望未来，并重申"高级科普期刊"的办刊定位。

（一）高级科普期刊的定位与发展

在创刊词中提到的"认识自然，改造自然，从自然界中获得更大的自由"是《自然杂志》的办刊目的。办刊伊始定位为综合性科技杂志，也就是我们现在所说的高级科普期刊。创刊号中，钱三强同《自然杂志》记者交流时讲道："针对现代科学发展日新月异、互相渗透交错的特点，《自然杂志》应当努力办得活泼一些，以新颖充实的内容、生动多样的形式、深入浅出的语言，向广大读者介绍现代自然科学知识，给人以一种清新的感受。从横的方面来看，对现代自然科学各学科及其分支都应该有介绍，不要偏废，当然也要有所侧重；就纵的方面而言，对各学科的历史、现状和今后发展趋势做些综合评述介绍，也是完全必要的。"（钱三强，1978）

1979年7月，《科学美国人》出版者兼主编皮尔（G. Piel）访华时曾与贺崇寅主编友好会见。之后记者刊文详细介绍作为科学普及期刊的《科学美国人》的成功经验，诸如：期刊的编辑与科学家有着密切的联系；期刊的撰稿人都是科学家、工程师和教授，是相关领域的专家；作者与编辑合作，作者对内容的表达能力与编辑把科学知识普及于众的能力相结合，在撰稿的科学家与读者之间的知识鸿沟上架起一座桥梁（自然杂志，1979）。

董远达担任主编期间，明确提出高级科普期刊的办刊定位，在主编带领下，编辑部采用约稿和编委推荐制为主要组稿方式，聘请各学科高级专家加入编委会，健全编辑学科方向，建设好编辑部，并注重沟通文理两种文化，弘扬科学人文精神（方守狮和董远达，2006；方守狮等，2008）。董远达主编寄语编辑部：保持编辑的高度敏锐性，关注科学的前沿动态，邀请相关科学家深入浅出地解读最新科学进展，为传播科学和不同学科之间的交叉融合做贡献。

《自然杂志》的编委汪品先院士对科学与文化有着比较深入的理解。他讲道：作为生产力，科学是有用的；作为文化，科学是有趣的。从文化的角度阐述科学，有着深远的历史意义。发展的要害在于人，我们却遗憾地缺乏活跃于两者之间的"两栖"人才：既有原创成果又写得好科普的科学家，对科学有兴趣的文化人，以及游弋在科学与文艺两大领域，推动两者融合的"两栖作家。"汪品先院士呼吁"为汉语世界里科学和文化的融合"共同努力（《自然杂志》编辑部，2016）。

2016年，吴明红在主编寄语中写道：力求让最懂的人讲最真的事。2017年，编辑部发表文章，结合《自然杂志》的选题策划实践谈到科学传播要有对真善美的追求（段艳芳和方守狮，2017）。《自然杂志》也将继续坚持高级科普杂志的办刊定位，以组稿为主，以科学家为作者主体，以科学家、科学工作者、高校师生和自然科学爱好者等为读者对象，深入解读前沿科学成果，潜心追溯科学发展的曲折路径，努力在科学与文化融合方面做出自己的贡献。

（二）专业与通俗如何平衡

如何做到专业与通俗之间的平衡是高级科普期刊面临的重要议题，而成功的科技期刊在这方面的表现尤其可圈可点。英国《自然》期刊做到了在保证论文最高水准的同时，最大限度地扩大受众面，并成功地建立起商业模式。其成功的经验有很多，诸如：把科技知识的抽象严谨与生动可读结合起来，把科技对社会的广泛影响揭示出来，最大限度地扩展受众群体，增加发行量，获取发行收入；与全球范围内的科学共同体建立密切联系，因为他们既是最核心的受众群，也是最核心的作者群，并由此保障期刊的品质；兼具权威性和大众性，再由此建立新的赢利模式，提供广告和其他服务，获取经营收入。仅就行文风格而言，《自然杂志》坚持科学论文表达的简洁通俗，使其内容不仅本专业的读者能够理解，非本专业读者至少也能理解其主要意义（张世海，2012）。

《科学美国人》前主编皮尔在谈到如何使介绍深奥科学内容的稿件易为各专业的读者所接受时说，主要的问题不在专业词汇，而在作者叙述文章的方式。具体而言，要使文章引人入胜、通俗易懂，就应该先介绍文章主旨，再讲事实。文章开头的写作是关键，要让人能够看懂研究的背景、内容和结论是什么。

由于英语在科技交流中的主流地位，以及以期刊影响因子为核心的评价体系的盛行，以"CNS"（代指《细胞》《自然》和《科学》三种期刊）为代表的高被引期刊备受瞩目，中文期刊日益式微。中文读者众多，中文读者对了解最新科研进展的需求很大。近年来，中国的基础研究呈现快速发展的态势，中国学者的原创重要发现越来越多，在这种背景下，以中文为载体深入浅出地介绍最新研究成果变得非常有意义。《自然杂志》提出"深入浅出、通俗易懂、图文并茂、生动有趣"的写作要求，力求文章学术性与可读性兼备。纵观《自然杂志》的文章，有些文章仍然较为专业，也有些文章很好地做到了专业与通俗的平衡。编辑部曾选编出版"《自然杂志》科普撷英丛书"，包含《院士解读科学前沿》和《诺贝尔自然科学奖全解读（2005—2015）》两本。文无定式，有章可循。科普文章写作，作者要以简洁、生动、流畅的语言将科学研究的成果、科学发现的路径、科学发展的脉络等介绍给读者。比写法更关键的是灵感、内涵和思想，这样的高级科普文章在普及科学知识之外更能带给读者乐趣或者启迪，彰显科普的意义。

(三) 最近十年办刊总结

2008年创刊30周年之际,方守狮副主编撰文详述《自然杂志》之大事变迁,并回顾部分科学家(其中约有200位两院院士)发表文章情况(方守狮和樊均幼,2008)。在此不再赘述。2008年第3期至2018年第2期,近十年间共出版60期期刊,刊文674篇,内容涵盖生物学、天文学、地质学、物理学等多个学科。其中两院院士(包含外籍院士)署名文章95篇,国家杰出青年科学基金获得者的文章76篇,另有几位在海外高校任职的科学家也满怀真诚地为期刊撰稿。期刊以约稿为主,一半以上的文章来自编委的推荐。《自然杂志》基本上每期刊载一个专题,共刊载"青藏高原""气候变化""极地探索""雾霾""石墨烯""储氢材料""进化古生物学""史前文化交流""植物生物学""太阳系外行星""EAST全超导托卡马克""模式生物""太阳能与光伏发电""构造地质学""表观遗传学""诺贝尔奖简介"等50余个专题。影响因子是评价期刊学术影响力的一个指征。据中国知网学术影响力数据,《自然杂志》的影响因子在中文综合性科学技术期刊中处于比较靠前的位置,2009—2016年的历年影响因子在0.638~1.202间浮动。邀请相关科学家深入浅出地解读最新科学进展,为传播科学和不同学科之间的交叉融合做贡献。

(四) 突破方向

高级科普期刊重在关注科学进展,其办刊目的是为读者服务,以提高全民科学人文素养。《自然杂志》将进一步关注科学前沿进展,注重学科平衡,支持交叉学科领域,继续向各领域专家约稿。今后办刊希望能在以下几个方面有所突破:①增进与科学家的联系,通过参加学术会议、主动拜访、听学术报告、发征稿函等不同途径,向科学家,尤其是对科普写作感兴趣的中青年科学家约稿;②注重选题策划,注重不同学科的平衡,对基本科学问题、研究热点、重大研究项目等予以专题报道;③关注科学研究的前沿和热点,尤其是对中国学者的新发现予以及时跟踪和深度解读，在以科学家为作者主体的同时，增强编辑部自身的采编能力，及时进行相关采访报道；④在关注科学新进展的同时，注重人、事、史的结合，从自然科学史、科学人物、科学人文等不同角度丰富期刊的内容。

第4节 农业知识

《农业知识》由山东省农业厅主管，创刊于1950年1月20日，月刊，是中华人民共和国成立后山东省创办的第一家期刊，也是全国第一家农业科普期刊，目前已发展成为国内发行量最大、质量最好、影响力最大的农业期刊之一，由山东农业知识杂志社主办。《农业知识》的办刊理念：努力成为宣传贯彻科学发展观和党的农村工作政策方针的重要阵地，积极刊发农民群众看得懂、学得会、用得上、能致富的新型实用知识，努力成为普及推广农业科技知识、培育造就新型农民的大学校。加强与基层和农民群众的互动沟通，及时反映农民群众意愿，努力成为密切党群关系、维护农民群众利益的桥梁纽带。

《农业知识》期刊是综合性农业科技期刊，刊名由郭沫若题写，多次被评为山东省"十佳"期刊、华东地区最佳期刊、国家"双百"期刊，还获全国期刊奖提名奖，被列入中国期刊方阵，期发行量达60多万份，共出版1000多期，总发行2亿多册，遍布全国各地，累计读者群达3亿多人次，整整培养教育了几代农民。70年来，《农业知识》一直坚持"为读者服务，为'三农'服务"的办刊方针及"科学、实用、及时、通俗"的办刊宗旨和"为读者提供新品种、新产品、新技术、新信息"的办刊内容，并以读者增收致富、科学生活为准绳。《农业知识》是国家新闻出版总署、山东省委省政府提出普及的"三农"读物和建设"农民书屋"推荐期刊。《农业知识》适合农村基层干部、技术人员、种植大户、规模养殖场、科技示范户和农资企业订阅。

办刊宗旨：领导生产的参谋，脱贫致富的向导，科技兴农的园地，信息交流的窗口。

主要版块栏目：致富向导、市场广角、新品种、蔬菜世界、林果天地、生产指导、畜牧兽医、水产养殖、特种特养、贮藏加工、机电能源、栽桑养蚕、读者热线、劳务顾问、法制园地、奥秘趣闻、生活百事通、封面摄影。

一、创刊号封面及典型封面欣赏

《农业知识》创刊时为大32开，42页或是38页不等，除了创刊号的封面外，后续几期均与第2期相同，充分体现了其是为广大农民朋友服务的期刊，简洁明快。之后无论是20世纪六七十年代的画，还是后来的照片，均突出农作物和农民，始终把农民放在最重要的位置，封面朴素简洁，农民是封面明星，是期刊的符号。

创刊号封面采用套色，刊名"农业知识"用红色字，手写体；目录全部印在封面上，如图4-4（a）。第2期开始，封面采用了印刷体，大字排右切口，左上角有农民耕地的黑白简笔画，如图4-4（b）。1963年起刊名字体采用郭沫若题写字，20世纪六七十年代，封面上以版画为主，增加了刊名的汉语拼音，如图4-4（c）和图4-4（d）。之后的封面开始采用照片，如图4-4（e）和图4-4（f），人物与丰收景象融为一体，到2000年以后，封面上去掉了汉语拼音，如图4-4（g），封面内容更加丰富；2003年后，封面上出现了获奖标识，如图4-4（i）和图4-4（j），照片更具现代气息，2010年后又恢复了封面上的汉语拼音，如图4-4（h）、图4-4（k）和图4-4（l），照片的艺术设计感更强，更具视觉冲击力。可以看出，《农业知识》封面上始终没有出现英文刊名，这可能和该刊面对的读者对象有关，是合理与合适的选择。

a 1950年创刊号

b 1950年第2期

c 1963年第16期

d 1966年第1期

e 1996年第1期

f 1999年第23期

<<< 第 4 章　典型期刊的个案分析研究

g　2000 年第 6 期

h　2003 年第 24 期

i　2007 年第 8 期

j　2008 年第 11 期

k　2010 年第 10 期

l　2019 年第 4 期

图 4-4　《农业知识》不同时代封面赏析

95

二、创刊词

《农业知识》创刊号，用封二一个整版突出展示了期刊的创刊词。创刊词全文内容如下（创刊词，1950）：

山东全境现已进入生产建设阶段。大部地区已进行了土改，农民生产情绪大大提高，渴望在自己的土地上得到更多的收获。他们迫切需要生产资料和技术指导，前者当由政府发放农贷加以扶持；在技术指导方面，由于我们干部农业科学知识不足，在农业技术改进工作中，表现得缺少办法；在介绍各地农民生产经验，传播农业科学知识，以及交流各地农业试验研究的成就上，做得非常不够。因此，使我们的农业改进工作未能很快地开展，并受到某些损失。为了做好农业生产工作，战胜灾荒，迎接1950年粮棉增产的新任务，经过许多热心农业工作同志的酝酿与推动，现在《农业知识》出刊了。

《农业知识》将负起传播介绍农业科学知识的任务，一方面吸收总结农民的生产经验，加以科学的分析整理，同时要批判某些落后、迷信、不科学的说法和做法；另一方面介绍农业科学工作者的实际试验与研究成就，同时批判某些陈旧的、抄袭的、不切实际的说法和做法。这样，才能使农民的实际经验与农业科学知识密切结合起来；才能使农业工作者通过《农业知识》逐渐提高自己的科学水平，以便能更好地领导农业生产工作。因此，《农业知识》的刊出，对于当前实现粮棉增产与"生产长一寸"的号召，是具有重要意义的。

寒冬将逝，立春到来，1950年的农业生产运动开始了。希望全省所有的领导农业生产工作者、农业科学工作者、劳动英雄及热心读者，对这个刚刚诞生的刊物，很好地加以爱护、帮助，踊跃投稿，经常关心，随时提供改进意见，大家动手来办好它，使它一天天地成长、壮大，真正担负起传播农业科学知识的任务来，这是我们的诚恳希望和殷切期待。

从创刊词可以看出，《农业知识》的创刊是急生产所急，与社会大形势关系密切。虽然创刊词只写了针对山东省，但实际上当时全国范围内除了福建有一份1940年创办的《福建农业》外，国内还没有其他与农业相关的期刊。新中国成立后农业生产亟须恢复，迫切需要创办与农业相关的期刊指导生产，因此《农业知识》作为中华人民共和国成立后创办的第一份农业科普期刊，对全国都有十分重要的借鉴意义与参考价值，尤其是对北方地区农业具有十分重要的借鉴和指导作用。

三、期刊发展简况

《农业知识》1950年创刊时是月刊，1951年改为半月刊，1967年停刊，1973年复刊，1989年恢复为月刊，1999年由月刊变为半月刊，上半月为综合版，下半月为蔬菜瓜果版；2004年改为旬刊，上旬为增收致富，中旬为瓜果菜，下旬为科学养殖；2005年改为周刊，第一周为致富与农资，第二周为瓜果菜，第三周为科学养殖，第四周为科技与三农，后改为百姓新生活；2019年改为半月刊。期刊自创刊以来，一直走的是低价路线，1996年每期1.5元，到2008年每期2元，2010年起每期3元，2019年起改为半月刊，开本保持大32开，页码保持64页，封面采用128克铜版纸、彩色印刷，内文采用60克胶版纸、黑白印刷，每期4元。

2018年12月，在第3周刊上，刊登了"关于《农业知识》变更刊期的启事"，自2019年起，由周刊变为半月刊。到2018年年底，已累计出版1634期，每年刊载农业技术、信息7000多条，总发行2.3亿册，累计读者群达3.6亿多人次。

2010年,《农业知识》总编辑杨理健在创刊60周年刊庆上,把期刊的发展历史进行了较为详细的梳理与总结(杨理健,2010),以时间为脉络,总结了期刊发展60年的历程。下面内容基本是他的原文。

1950年1月,中华人民共和国刚刚成立不久,百废待兴,为了恢复农业生产,保障粮食供给,经中共山东省委常委会研究批准,山东省实业厅成立了农业知识社,创办《农业知识》杂志;1951年,为了加强《农业知识》编辑出版工作,成立了山东省农林局编辑委员会,委员会由农林水系统、农业院校的单位负责人和知名专家组成。同年,《农业知识》改为半月刊,24开本;1967年1月,因"文化大革命"停刊;1973年6月,经中共山东省委常委会批准,《农业知识》复刊;1989年1月,恢复为月刊,32开本;1999年1月,《农业知识》由月刊改为半月刊;2004年1月,《农业知识》由半月刊改为旬刊;2005年6月,《农业知识》经国家新闻出版总署批准,由旬刊改为周刊,成为我国第一本农业周刊杂志。

20世纪50年代,《农业知识》是以"介绍农业科技知识,总结群众生产经验,提高干部农业生产业务知识"为宗旨,刊载的内容主要是党和政府的方针政策,指导农业生产的意见,介绍苏联农业情况;推广农业科学方面的耕作技术、植棉技术、土壤改良、病虫害防治和优良品种;介绍群众生产经验,建立合作社、人民公社的典型和"大跃进"创高产的做法,刊登了毛泽东、刘少奇、朱德等老一辈领袖来山东考察农村的重大事件和山东省委书记舒同到农村参加劳动的照片,宣传了吕鸿宾、徐建春等劳动模范。

20世纪60年代,主要宣传群众性科学试验活动、农业劳动模范生产经验、农村工作经验、农情通讯,宣传了莒县厉家寨大山农业社厉月举开山辟地建良田、荣成高中回乡知青张惠英受到周总理接见、陈永贵来山东传授先进经验等内容,掀起了建设"样板田"、学大寨的热潮。

20世纪70年代复刊以后,特别是党的十一届三中全会以后,重点报道了恢复农业生产的经验,联产承包责任制的成就,发展农业生产的方针、政策,农村适用技术和农业生产管理经验。为了迎接科学的春天,宣传报道了陆懋曾、余松烈、庞居勤等农业科学家。重点宣传推广了地膜覆盖、小麦精播半精播、瘦肉猪生产等技术和泰山小麦、鲁棉1号棉花、掖单系列玉米、跃进5号大豆等品种。1984年以后,贯彻"为农业服务,为农民服务"的原则,坚持"面向基层,面向生产,面向农民"的办刊方向,围绕"科技兴农"的战略方针,坚持"科学、实用、及时、通俗"的编辑原则,宣传报道有关改革开放的方针政策,打破以种植业报道为主的老框框,对农、林、牧、副、渔、种、养、加、运、销进行全方位、多层次报道。

20世纪90年代,强调"针对性、科学性、实用性、可读性",宣传了农村双层经营体制、减轻农民负担、税费改革等政策,推广了冬暖式塑料大棚,使山东告别了冬季不能生产夏秋季蔬菜的历史,普及了优质小麦、抗虫棉等新品种,大力报道立体农业、农业结构调整,实行"一村一品",推广了诸城"产供销一体化"、寿光和苍山"蔬菜市场化"、潍坊"农业产业化"、莱阳"专业合作社"等经验,宣传了"九间棚"、王廷江、束怀瑞等的先进事迹,促进了农民致富奔小康。

21世纪以来,经中央报刊治理整顿后,《农业知识》定位为山东省唯一保留的、由农业行政部门主管的、指导山东省农业生产的刊物,坚持"贴近生产,贴近生活,贴近读者"的宗旨,树立服务意识,强化农产品质量安全,着重报道"无公害食品""绿色食品""有机食品""地理标志产品",农药、化肥、种子等农业投入品的监管;现代农业建设、新农村建设的经验;农业标准化栽培管理,沼气、秸秆利用等循环农业;关注农民民生的改善、富民强农政策等报道。宣传了李登海、王乐义、于振文等先进典型,为山东农业上新台阶做出了贡献。

《农业知识》创刊60年以来，经历了田平义、江政君、李长新、王月波、孙志皓、刘仲林、赵震寰、赵忠云、高宝平、周福景、杨先芬等十多位社长的辛勤耕耘、一百多名编辑记者的刻苦拼搏、通讯发行人员的艰辛努力和广大读者的热情支持，在山东省农业厅的领导下，得到了舒同、吴官正、王乐泉、姜春云、李建国、陈建国、赵志浩、王建功、李春亭、姜大明、刘伟、贾万志等省委、省政府领导的亲切勉励，郭沫若亲自题写《农业知识》刊名，共出版发行1200多期，最高发行量达到80多万份，现在周刊依然保持在30多万份，平均每一个乡村4～5份，每期拥有100多万读者，总发行2.3亿册，培养教育了几代农民。《农业知识》作为农民"买得起，看得懂，用得上"的重点"三农"读物，"农家书屋"重要推介刊物，立足山东，面向全国，及时地把党的方针政策、生产指导意见、新的科学技术和生活方式传播到广大农村，起到了沟通政府与农民的桥梁、宣传山东"三农"经验的窗口作用。在一代代人的努力下，《农业知识》屡获殊荣，多次获得国家期刊奖提名奖、全国优秀科技期刊一等奖，入选国家期刊方阵，被评为华东地区最佳期刊、首届山东省"十佳"期刊，成为我国创刊最早、发行量最大、影响力最广的农业期刊之一，是名副其实的山东名牌期刊。

第5节 少年科学画报

《少年科学画报》是一本本土原创的少儿科普漫画期刊，创刊于1979年，月刊，由北京出版集团主管主办，2009年集团转企后，由集团成立的全资子公司北京承启文化传播有限公司经营管理，是自负盈亏的企业单位。

1978年，全国科学大会在北京召开，掀起了渴求科学、尊重科学、崇尚科学的社会新风尚。1979年，沐浴着改革开放的春风，《少年科学画报》正式创刊，占尽"天时""地利""人和"。"天时"是时代赋予的，中国的改革开放带来了科技事业的全面复苏。"地利"是地处首都北京，科研机构多，科普资源丰富。"人和"则是创始人郭以实、詹以勤、安瑞霞、赵萌、郑百朋等老一代出版家一改过去用文字介绍科学知识的传统，开创形式新颖、内容深入浅出、贴合少年儿童的阅读心理的少儿科普画报办刊先河。甫一推出，发行量就迅速蹿升至30万册，成为少儿期刊中的翘楚。国务院原副总理方毅，以及科学院院士严济慈、周培源、华罗庚、钱伟长、吴阶平、朱光亚、周光召等都曾写下热情洋溢的题词，表达他们对《少年科学画报》开创性工作的支持与鼓励。

《少年科学画报》为月刊，每期48页，含一系列内容新颖、视角独特的精品科普专栏，其中有介绍最新科技发明发现的"发现号快递"栏目，倡导读者热爱自然、保护生态环境的"到野外去""把自然搬回家"栏目，拾取科学家智慧和品德的"启明星"栏目，引导小学生健康成长的"自己保护自己"栏目，锻炼逻辑思维能力的"数学王国"栏目，关注特殊儿童的"画笔魔匣"栏目……将开阔的科学视野、全新的科学理念、精彩的科学发现都融入有趣的科普故事中，与幽默的漫画、精美的图片一起吸引了众多小读者的阅读兴趣，向读者传达了包括知识技术、科学思维、保护环境、独立成长在内的引导教育内容，让读者充分感受科学的魅力和探索的乐趣。

创刊以来，《少年科学画报》坚持向少年儿童传播科学思想，普及科学知识，传递科技信息，传授科学方法，激发少年儿童探求知识的兴趣和热情，开发少年儿童的创造力，提高少年儿童的科学思维能力，培养少年儿童的动手能力和创造能力。《少年科学画报》受到孩子和家长的喜爱，得到了社会各界的肯定，深深影响了中华人民共和国改革开放后的两代人。

《少年科学画报》的读者年龄定位在7~12周岁。作为中华人民共和国第一本图文并茂的少儿科普刊物，她陪伴着太多的孩子经历了成长：她曾在少年的卧室里，拉动通往神秘世界的飞船操纵杆；也曾被当作知识的宝库在班级被争相挖掘；更是许多沉默但富有创造力的孩子在童年时期最佳的伙伴，陪伴他们执着地探索未知世界，引导他们动手做好玩的实验，也讲给他们饶有趣味的科学故事……它是诸多儿时伙伴一起玩耍、学习、成长的精神故乡。

几十年的时光能斑驳许多事物，但《少年科学画报》坚持"关注少年儿童的认知需求，从多角度提升其科学素养"的办刊理念没有丝毫改变。

一、创刊号封面及典型封面欣赏

创刊于1979年的《少年科学画册》第1期，封面采用的是彩色印刷，刊名在图下，横排，刊名右侧简单而突出的"1"字，均用红色印刷。到1979年第10期封面发生了变化，刊名不再是印刷体，而变为了手写体，并且横排变为了竖版排，放在期刊切口侧，刊期放在刊名下，并且用LOGO样式装饰。这种样式沿用了一段时间。1981年后，刊名再次发生了变化，换回了横版印刷体，只是不放在主题图下面，而是改为放在上面，自此基本上保持了刊名在上面的风格。刊名字体尽管换回印刷体，但更加突出了"画报"两个字，字号变大，颜色突出。这种风格一直沿用了多年。2004年起，刊名再次发生变化，变得更加灵动了一些，"少年科学画报"几个字采用美术字体，不断地变化着，仿佛跳跃的字符，让少年的心也跟着跳动。

《少年科学画报》以画为主，封面的画风当然更体现着时代变化与期刊内容的进步与发展。创刊号上，封面主体为云南下关中学地震测报组的老师给学生讲课的画，背景可以看出是在教室之中，黑板上也是

"地球的磁场"和"磁变仪",内容十分丰富、形象、生动。前期封面多数是科技内容为主,与生活息息相关,而且有"人"参与其中,如图4-5(a),之后才改为"少年科学画报",如图4-5(b)。20世纪80年代起,多数以动漫内容为主,动植物变成了主角,都是故事中的画面,照片与绘图作品交叉出现,如图4-5(c)、图4-5(d)、图4-5(e)、图4-5(f)。比如1987年第9期,一幅拟人的"鱼"图画,海豚"手"举着红绿旗子,指挥着"鱼类交通",小鱼都守着规则在行进。这种模式一直到20世纪90年代,都是"少年科学"四个字相对小,"画报"两个字相对大,如图4-5(g)。自21世纪起,现代化体现在封面之上,人物、照片、动漫有机地结合起来,更加丰富了封面构图,如图4-5(h)、图4-5(i)、图4-5(j)、图4-5(k)、图4-5(l)。比如2004年3月下半月刊的封面上,"德国HKPSG17.62mm狙击步枪",如图4-5(h),非常具有冲击力,吸引着少年的眼球;2016年的总540期的封面,"'飞北'比赛的正确打开方式",科幻与现实结合,带给少年无穷的想象空间,如图4-5(k)。

如今的《少年科学画报》,内容越来越丰富,色彩当然是越来越漂亮了,已经成为少年们成长中必不可少的一个陪伴。

a 创刊号　　　　　　　　　　b 1979年第10期

新中国科普期刊研究（1949–2019）　>>>

c　1981年第3期

d　1983年第2期

e　1984年第9期

f　1987年第9期

g　1994年第2期

h　2004年3月（下）

104

i 2005年（总第341）　　j 2014年第6期

k 2016年第10期　　l 2019年第9期

图4–5　《少年科学画册》不同时代封面赏析

二、创刊词

《少年科学画册》创刊号上，没有刊登创刊词，封面是"云南下关中学地震测报组"画像，封二刊登了高士其先生的诗作"世上无难事，只要肯登攀"，封三为"在太平洋上"，封四为"世界上最大的石陨石"，全都配有照片。此外，创刊号上刊登了8篇文章，内容十分丰富，既有"太阳能的利用""农村办沼气""塑料大棚"，也有"保护益鸟"

105

"恐龙"，还有"地震""天空中的石头"，全部用故事的形式，配图说话，像20世纪七八十年代的连环图，是最能吸引青少年的一种范式。

现抄录高士其先生的诗作"世上无难事，只要肯登攀"前两节，便于大家从中领略那个时候关于这本期刊创刊的情景。

世上无难事，只要肯登攀

啊，雄伟壮丽的珠穆朗玛峰，
你高高地耸立在喜马拉雅山上。
白雪皑皑、云雾茫茫，
雅鲁藏布江绕在你的身旁。
绰约多姿、海拔8848米。
你是世界的屋脊、地球之巅。
像一座宏伟的金字塔一样，
巍然屹立在崇山峻岭之间。
你巡视着天空中的日月星辰，
你俯瞰着大地上的冰川森林。

啊，雄伟壮丽的珠穆朗玛峰，
多少年来，
世界各国的运动员们都向往着你，
在登上你的顶峰。
为了祖国的荣誉，
为了给毛主席争光，
我们的登山健儿们，
经过无产阶级"文化大革命"的锻炼，

以大无畏的革命精神，

以无高不可攀的英雄气概，

征服了千难万险，

再一次从北坡，把五星红旗插上你的峰尖。

三、期刊发展简况

（一）简况

1977年至1978年，《少年科学画册》共出版了5期。1979年1月，刊物正式更名为《少年科学画报》，并改为定期出版的月刊。

《少年科学画报》创刊时是月刊，到2003年改为半月刊，上半月为小学版，下半月为初高中版，后下半月改为《少年科学画报·名枪版》，2016年后改回月刊。价格变化较《农业知识》要大一些，1996年每期2.3元，2002年每期4元，2005年上半月版每期5.9元，下半月版每期7元，2010年每期7元，2016年每期8.5元。

1979年，中国当时唯一一部以少年儿童为对象、图文并茂的科普月刊，就是从这里走到了千千万万的孩子手中。而今，当年的孩子们已经长大成人，成为各行各业特别是科技阵线上的中坚力量。而那些曾经给予我们知识和快乐的人却已经年逾花甲，白发如雪。第一任主编郭以实则已经永远地离开了我们。时光飞梭，但无论如何，《少年科学画报》和读者之间的深厚情谊都是坚不可摧的……

《少年科学画报》的旧址在北京市崇文门外东兴隆街51号，那是一幢简朴的木结构二层小楼，工作环境非常艰苦。杂志社最初只有一间办公室，但这里时常传出欢声笑语。当然，大家也经常会因为一篇稿件的取舍、一个版式的修改、一个栏目的去留而"争吵"……每一个事关杂志质量的问题，都能让他们忘记了自己的年龄，认真执着得像个守护着心爱玩具的孩子。

这是一间简陋得难以想象的办公室。下雨的时候,房子会漏雨。所以每到下雨的季节,大家下班后就要用塑料布把办公桌蒙好,以防稿件被淋湿。冬天屋里和室外的温度差不多,大家坐在办公室里要穿着大衣、戴上围巾和手套来编稿子,还冷得不得了。但这却是一间富足得令人艳羡的办公室。屋里堆满了各式各样的画稿、文稿,琳琅满目的小制作,还有一群这样执着而快乐的人。

可以说,《少年科学画报》不仅是一份为孩子们所办的科普刊物,也是让每一位编辑和作者都热爱科学的神奇世界。后来,《少年科学画报》杂志社搬到了北京市北三环中路6号。在历届编辑团队中,无论是两鬓斑白的老编辑,还是正值青春的年轻编辑,个个都活力十足。为了能给小读者最佳的精神食粮,《少年科学画报》编辑部乐此不疲,三十六年如一日,精心选题、策划、编辑……每当收到小朋友们的赞美,听到他们的笑声,感受到他们的成长,就是全体编辑、作者最欣慰的时候。

1987年,小读者的好朋友,也就是杂志的明星之一——萝卜头诞生了。

1989年,创刊十周年之际,老一辈科学家发来贺词和题词。

1992年,萝卜头的好朋友阿米也诞生了。阿米和萝卜头一起,闹出了很多笑话,但是他们成了小朋友们最喜欢的朋友。

2001年,杂志从32页扩版至48页,内容更加丰富多彩。

2003年,变成了全彩印刷。

2005年杂志社成立了阿米俱乐部,更方便为小读者举办知识竞赛、科普讲座。

2009年,杂志荣获"新中国60年有影响力的期刊"[新中国60年有影响力的期刊获奖名单(科技类),2015],在此之前曾斩获:首届国家期刊奖（中华人民共和国国家新闻出版广电总局，2015）、全国连环画报刊"金环奖"（第七届全国连环画报刊"金环奖"颁奖大会暨第八届全国连环画报刊工作年会纪要，2015）、新闻出版总署向少年儿童推荐的优秀期刊（2014年全国优秀少儿报刊推荐名单公示）。

少年科学画报杂志社与时俱进，在新媒体迅速发展壮大的时代，倾力打造自己的新媒体平台，先后推出了博客、电子刊、微博。2013年，杂志社又推出了微信、App和动画片。

（二）特色活动

目前，《少儿科学画报》已经形成了自己的特点，也创办了一些与期刊相适应的工作与活动。

1. 图书出版

《少年科学画报》与中国电机工程学会合作出版了科普图书《假如没有电》，书中精彩的故事、多彩的版面、丰富的节电知识获得了广大读者和业界人士的一致好评。同时还把精品栏目"启明星""漫虫记""恐龙方舟"开发成精品图书。

2. 绘本

《少年科学画报》经过精心策划，将学龄前儿童的科普计划纳入未来几年的科普工作范围，寻找最优秀的作者进行绘本创作，让儿童在绘本阅读的美好体验中学到科学知识与人生哲理。

3. 动画片

《少年科学画报》连载的"漫虫记"栏目向读者介绍了有关昆虫的生态习性和最新研究发现，以冒险故事的形式将各种昆虫角色的生活联系在一起，展示出一个丰富多彩的昆虫世界，揭示了物种间激烈争斗又彼此依赖的生存法则，引导青少年树立人与自然和谐统一的价值观，培养其爱家园、爱地球的人文情怀。现在，杂志社将栏目深度开发，联合国内优秀剧作家及动画公司，制作成《漫虫记》动画片。在样片试播活动中，其有趣的科学知识和生动的故事情节深受小朋友们的喜爱。

4. 经典活动——小记者对话大科学家

为提高青少年的科学探索兴趣，培养少年儿童的科学创新精神，同时度过一个难忘的六一儿童节，2019年5月31日，北京出版集团旗下《少年科学画报》杂志社组织小记者们开展了"小记者对话大科学家"活动。

《少年科学画报》招募的小记者们是一个优秀的学生群体，他们不仅动手操作能力强，具备良好的科学素养，而且善采访、会写作。对话院士、科学家，走进学科实验室动手实践一直是小记者们采访的重头戏，这些科普体验活动在他们心中埋下了科学的种子，并逐渐落地生根。本次活动主要是探访两位科学家：中国月球探测工程首席科学家欧阳自远和著名科普作家李毓佩。

本次活动，在与《少年科学画报》杂志顾问、被誉为"嫦娥之父"的中国月球探测工程首席科学家欧阳自远的对话中，小记者们就提出了"什么是陨石，陨石来自哪里？""科学家参与科普工作有没有大材小用？"等开放性的问题。欧阳院士都耐心地一一解答，深入浅出地为小记者们讲解了月球起源、吉林陨石雨考察结果等，还表示"做科普和做科研一样，都要下功夫，尤其在面对小读者时，一定要做到兼具科学性和趣味性"。展现了科学家严谨的科学态度和永不止歇的钻研精神。

在采访著名科普作家、首都师范大学数学系教授李毓佩老先生时，他以童话故事的形式为孩子们讲解了抽象、枯燥的数学知识，让数学变得好玩、好学。李毓佩教授是《少年科学画报》的专栏作者，早在创刊之初就发表了《有理数和无理数之战》《小数点大闹整数王国》等多篇数学故事，并于1982年1月开始连载数学故事《小眼镜历险记》。他在接受小记者们采访时表示："《少年科学画报》独具风格，不是唯故事而故事，而是有科学的成分在里面，在全国影响很好。今年是《少年科学画报》40岁生日，40岁正当壮年，祝福《少年科学画报》未来会更好！"

（三）期刊特点

1. 编辑改写普及科学前沿知识

孙锴认为，这得益于期刊独特的视角和内容以及编辑的眼光。孙锴揭秘，除了组织作者写稿外，编辑们还会翻译、改写来自 Science、Nature 上的前沿科学内容，"涉及基因、考古、新材料的发现，请漫画家设计画稿，还会用孩子们喜欢的方式组织语言"。国内重要科学发现也备受重视，像昆虫学以及古生物学的新发现，就以《漫虫记》系列漫画故事出现；而中国科学院古脊椎动物研究所的重要野外发现——半甲齿龟，则以系列漫画《时空猎人》的形式出现。孙锴说，他多年前写过科普文章，办过科普社区，那个时候感觉亢奋、过激，常因不同观点而与对方发生争论。如今和孩子们相伴十年，他变得更加快乐，也更觉年轻。"科学本身让我处于亢奋状态，为了向孩子们普及科学，这种亢奋会更多转化成自身的快乐。"

2. 大科学家俯下身给孩子写作

科学家俯下身来为孩子们写作，这个传统从未改变。"事实上，我们希望更多的科学家来写稿，这样科学的讲述更加生动。"孙锴说。1979年，由何益汉、吴浩源编文，毕树棪绘画的科学故事《昆虫世界的秘密》发表，这是《少年科学画报》第一次发表连载作品。20世纪80年代初期，著名科普作家李毓佩开始在画报上刊登《有理数和无理数之战》《小数点大闹整数王国》等数学童话，小读者反响热烈。这份名单还很长。著名科普作家金涛曾多年为"在世界各地""科学家的故事"栏目撰稿，向小读者介绍科学家成长故事、祖国美丽风光及世界各地风土人情。武器专家苏刚、杨培根等专家创作了大量军事科普作品，让小军事迷们百看不厌。中国月球探测工程首席科学家欧阳自远、航天专家朱毅麟、天文学家卞毓麟为孩子们讲解天文知识，激发了孩子们追星探月的航天梦。鸟类学家郑作新带领孩子走进大自然，为鸟类"编家谱、写档案"。生物物理学家贝时璋、极地探险家秦大河等都曾借着一个个科普小栏目，让科学的种子在孩子们的心中落地生根。今年起，四川卧龙国家级自然保护区管理局自然科普教育办公室主任何晓安开始给《少年科学画报》写稿，他说："今年是大熊猫、金丝猴科学发现150周年，我想把最美丽的世界呈现给小读者。"何晓安已在卧龙自然保护区工作、生活了31年，他熟悉这里的山山水水，随身带着照相机、手机去捕捉野外的动植物。"我从卧龙生物多样性的角度，介绍这里特有的动植物。"何晓安写过绿尾虹雉、毛冠鹿等，他还希望通过自己的写作，纠正某些童话作家误导读者的内容。北京大学生命科学院教授王世强说："我研究的领域有一小块是关于冬眠的，我想冬眠的黄鼠狼、刺猬容易引起孩子们的好奇，就开始写相关文章。"他的文字经过编辑的改写，并配有拍摄的相关照片，最终以有趣的方式出现，"写科普不是负担，如果形式合适，我想很多科学家都会参与进来"。

3. 逐浪新时代，搭建融媒体青少年科学传播平台

党的十九大以来，中国特色社会主义进入了新时代，中国科普事业也进入了繁荣兴盛的黄金期。《少年科学画报》坚持与时代和科技创新发展的节奏同步，满足读者新时代的新需求，开始了数字化探索、融媒体转型，先后推出手机报、博客、微博、电子刊、App、微信公众号、动画片《漫虫记》、"一起发现"野外科普视频、"草丛日记"自然科普视频等，全力打造提升少年儿童的创造力、提高少年儿童的科学思维能力的新型综合平台。同时还联合教育部门和相关企业，举办各类科学竞赛活动；组织科学家、科普专家"进校园"活动；为培养学生的创新思维编写独具特色的科学课本；与电视台合作拍摄科普电视系列片《凯丽阿姨讲科学》；出版《假如没有电》、"启明星丛书""漫虫记丛

书";组织国内知名自然摄影师拍摄10000分钟高清视频、70000多张精彩图片,记录近千种野生动物的生活,制作成《一起发现》野外科普视频、《草丛日记》自然科普视频,等等。

《少年科学画报》已不仅仅是一本科普刊物,同时也是一个为广大青少年服务的科普知识及科学理念传播的综合平台。

参考文献

[1] 百度文库专辑 [R/OL]. http://wenku.baidu.com/album/view/f5721fe8b8f67c1cfad6b89c.

[2] 陈安良. 祝贺《家庭医生》创刊. 家庭医生, 1983, 1 (1): 封二.

[3] 段艳芳, 方守狮. 科学传播要有对真善美的追求 [J]. 科学教育与博物馆, 2017, 3 (3): 190 – 192.

[4] 段艳芳, 沈美芳, 温文, 方守狮. 四十不惑, 不惑者何: 写在《自然杂志》创刊40周年之际 [J]. 自然杂志, 2018, 40 (3): 232 – 234.

[5] 方守狮, 丁嘉羽, 温文. 沟通两种文化应成为高级科普期刊的追求 [J]. 中国科技期刊研究, 2008, 19 (1): 113 – 115.

[6] 方守狮, 董远达. 探索高级科普期刊的办刊之道: 办《自然杂志》的几点体会 [J]. 中国科技期刊研究, 2006, 17 (2): 268 – 270.

[7] 方守狮, 樊均幼.《自然杂志》风雨三十年 [J]. 自然杂志, 2008, 30 (3): 156 – 159.

[8] 米艾尼. 一本科普杂志的30年"怪现象" [J]. 瞭望东方周刊, 2008年12月15日12: 24. http://www.sina.com.cn.

[9] 钱三强. 迎接科学的春天: 中国科学院副院长钱三强同志对本刊记者的谈话 [J]. 自然杂志, 1978, 1 (1): 2 – 5.

[10]《少年科学画报》：一份少儿科普杂志的30年［R/OL］．人民网，2015－09－23．

[11] 突围互联网．一本杂志的"景观大道"［R/OL］．北青网．2006－11－7［引用日期2012－08－14］．

[12] 夏文华．科普期刊发刊词与民国时期的科普思想［J］．自然辩证法研究，2014，30（5）：95－100．

[13] 杨理健．《农业知识》创刊60年辉煌发展历程［J］．农业知识，2010，（7）：4－5．

[14] 俞敏，刘德生．全媒体时代提升科技期刊品牌影响力策略研究［J］．中国科技期刊研究，2016，27（12）：1328－1333．

[15] 俞敏，刘德生．科普期刊全媒体融合发展典型案例解析［J］．现代出版，2017，（1）：49－52．

[16] 张世海．通俗与专业的完美平衡：论科技出版的成功之道：以英国的《自然》杂志为例［J］．科技出版，2012，（7）：80－84．

[17] 中国国家地理新媒体荣获"中国新媒体30强"．中国国家地理网［引用日期2012－10－12］．

[18] 中国国家地理中文网［R/OL］．http：//www.dili360.com/．

[19] 中国国家地理相关问题集合［R/OL］．http：//zhishi.baidu.com/zhishi/262127.html．

[20]《自然杂志》编辑部．让科学刊物的友谊之花盛开［J］．自然杂志，1979，2（8）：524－525．

[21]《自然杂志》编辑部．院士解读科学前沿［M］．上海：上海大学出版社，2016．

[22]《自然杂志》编辑部整理．《自然杂志》大事记［J］．自然杂志，2018，40（3）：扉页．

第5章 存在的问题与解决思路

第1节 科普期刊存在的问题

质量是期刊的生命,我们所有工作的最终目的就是要尽快提高我国科普期刊各个方面的质量,办出有中国特色的名牌科普期刊。为此,广大科普期刊工作者要进一步树立精品意识,实施精品战略,加强内部管理,完善以提高期刊质量为中心的责任制和各项保障措施,建立健全质量评估制度,争取为读者提供一流的稿件、一流的装帧和一流的服务。

科普期刊出版单位要适应市场经济运行的内在要求,加大本单位内部改革力度,转换经营机制,增强自身活力和自我发展能力。要完善多种形式的目标管理责任制和岗位责任制,建立起既有竞争激励又有责任约束的机制。要充分发挥市场机制的积极作用,强化经营管理,加强成本核算,讲求投入产出,真正走集约化经营的道路。

要培养和造就一支充分适应新形势下出版实践的政治强、业务精、作风正的高素质的科普期刊出版和科普作家队伍,加速造就一批优秀的中青年出版人才。要大力培养和加强科普期刊编辑记者的编辑素质、科技素质，努力形成科普期刊编辑记者与科学家、科普作家之间的一种良性互动机制，提高科普期刊的科技含量。

我们的许多科普期刊内容十分厚重新颖，但认为"酒好不怕巷子深"，不太注重装帧设计，也不注重图文搭配，因此从外在形式上就不能吸引读者。在信息时代众多媒体竞相争夺读者"眼球"的情况下，不注意刊物的外"包装"，就会使自己处于不利境地。我们的一些科普文章文风古板，居高临下，固然与科普作家不善于写科普文章有关，实质上也缘于我们对"科普"的理解跟不上时代的发展。我国的一大部分科普期刊都是大学、研究所、情报所办的，受传统计划经济体制的影响，缺乏走向市场的动力和能力，编辑部的办刊理念还是单纯的"编辑型"，要向"编辑经营型"转变还有很长的路要走。

从科普期刊成长的外部环境讲，主要是对科普期刊的发展缺乏长远的科学的规划，传媒数量急剧增多，竞争激烈，我国公众的科技素养普遍偏低，关注科技发展的消费群体尚未形成规模等几方面原因。从科普期刊自身讲，又是由许多科普期刊的观念陈旧，内容艰涩，文风古板，不注重自我宣传，不注重外形包装，不注重市场营销等几方面问题造成的（宋镇玲，中国图书评论）。总体来看，问题有以下几个方面。

一、科普期刊定位不清问题

（一）科普期刊自身定位不清

自改革开放发展至今，我国社会环境发生了天翻地覆的巨变。信息时代的来临、互联网与终端的普及，都对科普期刊的生存与发展形成了长远的影响。其中，尤其以网络对科普期刊的冲击最为明显，而绝大部分的科普期刊也受此冲击一蹶不振，无法做出及时的应变决断。除此之外，尤其我国社会仍然处于一个过渡转型期，大众价值观念的不断更迭、文娱市场空间的激烈竞争等诸多层面的因素，也直接左右了科普期刊在市场中的有序发展。作为传播自然科学与高新科技的期刊，很多科普期刊本身在内容的编写与服务上也并未随着时代与社会的进步而一起提高，虽然初心未改，但如何适应新形势和社会的变化，找到期刊在社会生活中的定位，是摆在许多科普期刊面前的问题。

（二）科普期刊对受众定位不清

一本优秀的期刊一定要有精准的受众定位，但科普期刊在受众选择上往往比较"暧昧"。科普期刊的主要使命是科学知识的普及和传播，这个特性决定了其很大一部分受众是青少年读者。青少年群体有朝气，对科学知识充满好奇和渴望，理应成为科普期刊的忠实群体。但我国固有的应试教育模式限制了科普期刊在青少年群体中的广泛传播，同时由于青少年成长速度快，兴趣点的转移周期也相对较短，要在青少年群体中扩大科普期刊市场份额十分困难。因此，很多科普期刊又将社会读者作为受众群体，通过改版面、扩栏目等方法来吸引他们的关注，这使得一本科普期刊在内容选择上模棱两可，而往往不同群体关注的题材差异很大，因此期刊总体风格也很难一致，最终导致顾此失彼，陷入两难的商业困境。

毋庸置疑，任何期刊的内容、风格、定价等元素，都必须围绕着期刊受众群体的特征不断健全（付玉晶，2013）。许多科普期刊一味地把科普期刊的风格、内容、读者群体定位在专业的科学知识分子上，最大程度上把期刊打造成为深受"精英"与"科学界专业人士"认可的精品读物，然而事实上，相当数量的科普期刊并未具备达到精品读物的能力，不管是从期刊的内容编排抑或是设计包装上，都和实际的受众群体格格不入，这种错乱的经营模式势必会造成日益加剧的商业困境。

（三）社会影响力不够

国内科普期刊目前存在的问题相对较多，在影响力方面内容平平，一般化的科普期刊多，对社会有较大影响力、特色鲜明的精品期刊少。

造成以上问题的原因是多方面的，从科普期刊成长的外部环境讲，主要表现在如下几个方面：一是对科普期刊缺乏长远的科学发展规划，存在一定的短视效应；二是大众传媒与渠道数量急剧增多，竞争激烈，科普期刊份额变小；三是我国科技发展的消费群体尚未形成规模，公众的科技素养普遍偏低。从科普期刊自身讲，存在着观念突破难度大、内容变化提升慢、文风不灵活、自我宣传力度不够、市场营销偏弱等几方面问题。

二、科普创作人才的匮乏问题

作者队伍也是办刊人才不可或缺的一部分。作者缺乏主要有两个原因，一是教育体制导致的人才匮乏问题：科普作品需要作者有热情、有能力将枯燥难懂、乏味无趣的科学知识通过形象生动、活泼有趣的语言娓娓道来，也就是"会写、能写、愿意写"（刘泽林，2005）。毫不夸张地说，一篇好的科普作品创作难度绝对不亚于一篇学术论文，因为它不仅要求作者有广博的知识面，还要求他具备深厚的文字功底。可是，由于我国教育制度过早地进行文理分科、专科教育，使得这方面的人才相当匮乏。二是社会激励机制不够。科普期刊缺乏的科普文章和科学报道是比较特殊的，需要一种深入浅出然而又"拷贝"不走样的能耐，这就要求做科普文章或科学报道的人，既要懂得科学并有能力跟上科学发展的脚步，又能将所获得的科学新知识用公众能够理解的方式表达出来。而目前现状是一流的学者、专家没有时间或有的不愿意从事科普文章创作；一般的科研人员缺乏积极性，原因是按规定个人的科普创作不能算科研成果，对个人的职称、成果评定等没有帮助；有些专家对于创作科普文章也存在"眼高手低"的情况。

而事实上，我国科普期刊作者队伍十分不稳定，真正活跃在一线的科学工作者，如果能将他们熟知的科学知识以生动风趣的语言传达给公众，这将是比较理想的方式。国外一些顶级的科普期刊，如 Discover、National Geographic 等都是由十分卓越的科学家供稿，作品的含金量极高。而在中国，迫于科研、教学、职称晋升等压力，科技工作者几乎没有时间和习惯去涉足科普文章的创作，大多数从事科普期刊的采编人员都没有相关的专业背景，缺乏科学底子已是十分普遍的现象，少数低端科普刊物的采编人员对待科学的态度很不严谨，往往对于道听途说的科学信息不经考证就予以刊载，而通过网络转载的文章也十分普遍，这极大地削弱了科普文章的科学性和原创性，降低了对受众的吸引力。

虽然有一年由于一篇高考作文试题《假如人脑可以移植》涉及科普内容，而带动了以《科幻世界》为首的一批科普刊物整体上扬，但随后就一落千丈。照理说，随着以电子信息技术、网络文化技术、航天技术、边缘学科技术为代表的高新技术的迅速发展，人们应更加迫切需要了解和掌握各种科普知识，才能跟上飞速发展的科技与经济形势。可是，目前科普刊物市场却与日新月异的科技发展形势形成了强烈的反差。难道说是因为人们对科普刊物的兴趣有所减弱？事实并非如此，比如健康类期刊。从国内期刊界来看，健康类期刊的群体很壮大，不下 50 种，老牌的有广州的《家庭医生》《健康顾问》《健康》《健康人》等，新秀如《时尚健康》《健康之友》等。老牌健康刊物定位是科普教育型，立足点在于为读者提供寻医问药的方案。时尚消费类健康刊物则旨在引领新的健康生活方式，传达新的健康概念。健康期刊市场处于高端的产品很少，大多数期刊处于中低端。定位于科普的《家庭医生》发行量可以达到 190 万册；再以科幻类而论，近年来，我国新近创刊了好几种科幻类新期刊，而且发行量有所上升，《科幻画王》《图形科幻》等销量不下 10 万册。

从近两年我国期刊市场来看，引进版期刊充斥市场。引进的这些期刊在原产地或许都是非常成功的，人们曾期待着这些期刊的引进能够改变我国的科普期刊状况，可出人意料的是，这些期刊被移植到中国后都不同程度地出现了"水土不服"的现象。国内读者与国外读者的知识背景和文化传统不一样，喜好也不一样，甚至是国外文章的表达习惯也与国内差异很大，给国外科普期刊的推广造成了很大困难。

三、传播方式问题

信息的双向交流和互动是公众理解科学的显著特征，它摒弃了传统科普简单传播科学知识的狭隘性，重视科学与人文的密切关系，在普及科学知识的同时，强调科学精神、科学思想和科学方法的传播。尤其随着科学的发展和传播技术的进步，科学发展与人民的生活如此紧密地联系在一起，如干细胞研究、克隆、转基因生物、气候变迁等，不断冲击人们的价值观、伦理观，改变着人们的生存方式和生活方式。新材料、空间技术、核技术等也加剧了公众对科学不确定性的担心。而以网络化、数字化为突出特征的大媒体环境又为公众提供了更为便捷的思想表达渠道，公众对科学发展的知情权和决策选择权也日益得以彰显，传统媒体的话语权遭到挑战。在这种状况下，更具人文精神的"科技传播"的概念取代传统的"科学普及"成为必然。概念的转换表达出理念的更新，传统科普由上而下的灌输模式和宣教功能应逐渐让位于遵循传播学规律，重视读者在科技传播链中的地位和作用以及公众理解科学的思想。正如《图形科普》的主编为我国科普期刊把脉所指出的那样，"我国的科普期刊，没有占领预期市场份额，没有赢得读者足够支持，主要是传统科普传播方法存在问题，片面讲述科学研究结果，不重视科学研究的过程的展示，易于使读者对这种封闭式的科普传播方法产生'婉拒'的心态"（赵乾海，2002）。从根本意义上来说，期刊的兴衰，最终取决于传播接受的终端——读者在生活中的选择。让读者深刻感受科学就在自己身边，自己也可以参与科学的进程，是现代科普文化的核心价值所在。

科普期刊的发行渠道是期刊社、发行商和读者之间的纽带与桥梁，顺畅、有效的发行渠道对科普期刊的经营起到关键作用。我国多数科普期刊的发行工作主要靠邮局代理发行，邮局发行网络覆盖面广，影响力大。但依赖邮局发行存在很多问题，一方面，邮政发行的综合服务能力差，市场反应滞后，发行效率很低。邮政运输主要依靠混合邮件运输模式，运输物种类多、数量大、体系烦琐复杂，严重影响期刊的投递速度，读者征订的期刊不能及时收到、寄件丢失的情况时有发生，这极大地打击了读者的征订积极性。另一方面，邮局发行费设置不合理，期刊社和邮局之间的矛盾激化严重，邮局没有积极性去帮助期刊社开拓市场，这也间接导致了期刊的发行工作受阻。除了靠邮局发行，通过自办发行已成为诸多科普期刊的另一种发行方式。自办发行主要利用批发商在全国代理发行，也有与当地民营书店合作，在各大城市铺货发行的。但总体来说自办发行运作系统并不规范，运营成本上升，同时终端销售对零售商的市场意识和推销主动性的要求很高，为了扩大发行量，出版商甚至会采用给回扣、返现金等极端的手段刺激终端零售商，这进一步导致经营环境的不断恶化。

针对科普期刊运营模式与策略，国内学者和业界专家进行了多方面的探索，研究涵盖期刊运营理念转型与运营方式创新两个部分，基本梳理逻辑是针对现有运营方式的不足厘清转型思路与途径。柯春晓（2018）从科普期刊办刊模式切入，提出应基于知识服务进行内容策划并开展活动；刘明华（2008）指出经营失败的科普期刊大多未能坚持以人为本理念，陷入了忽视读者需求的误区；闫伟娜（2018）主张对科普期刊用户进行精细化管理，通过发挥用户的主观能动性来完善全媒体运营；赵湘（2014）认为科普期刊的创新发展需要注重时尚表达，在内容策划和版式设计上凸显时尚元素，拒绝一般化、平庸化。上述已有成果凸显了研究路径选择上的问题意识，大多从科普内容锤炼、用户获取拓展、全媒体营销等方面触及科普期刊运营问题，鲜有对当下科普期刊运营生态新变化的系统审视。

俞敏（2018）认为，在新的媒体环境下，科普期刊的品牌和内容是其最优质资源，但这点并未引起大部分科普期刊从业者的普遍关注和充分重视。2017年10月在杭州举行的"中国科协第十五期科普期刊主编社长沙龙暨中国科技期刊编辑学会第二届科普期刊研讨会"上，一些转型发展较好的科普期刊和新兴科普媒体非常重视挖掘品牌价值与内容资源。俞敏（2018）结合所在科普期刊转型发展的实践和探索，认为科普期刊应该依据期刊的自身特性，深入发掘，着力于内容产品化和全品牌运营来进行转型发展的探索。

四、科普期刊数字出版的困境

早在2006年发布的《全民科学素质行动计划纲要（2006—2010—2020年）》中科普期刊数字化出版工作就已被正式提上日程，但截至2014年，我国实现数字化出版的科普期刊不足总量的40%，且大多数数字化出版工作仅局限于将纸质版转成电子版上传至各大收录机构，而这种长篇图文形式的电子资源远远不能满足现代读者的阅读需求。目前手机用户多数选择上下班和就餐间隙等碎片化时间进行手机阅读，读者们更倾向于关注精美的图片加上配套视频的富媒体形式，电子资源中的长篇大作很难受到受众的青睐。虽然也有部分科普期刊，如《科学大众》《科学画报》等借助微信平台向读者推送相关出版内容，但这些信息很快就会被手机网络上铺天盖地的社会新闻、时尚和娱乐八卦等快餐资讯淹没，造成科普期刊的读者群逐渐萎缩。

从统计数据看，目前传统报刊业中，打造立体媒体最为敏感的是报纸，无论是办新闻网站，还是办网络报、手机报，觉悟最早的报纸一直在引领着整个出版业的数字化实践探索和发展进程。而期刊业相对滞后，数字化类型较为单一，以电子期刊为主。近年来，我国网络期刊读者群正在以惊人的速度成长、成熟，甚至在某些领域呈现出领跑的趋势。从1999年到2007年，以网络阅读为主的数字化阅读比率不断提高，网络和数字化阅读已经成为人们重要的阅读方式之一。2007年7月，中国互联网络发展状况统计报告显示，有16.7%的网民阅读电子杂志。但是，电子期刊媒体背后，我们看到的却是科学普及类读物的严重缺失，现有的电子期刊远远不能满足网民们获取科学知识的需要。而手机二维码、户外数字媒体、手机杂志、电子商务等技术较新的业务，更是鲜有涉及。在2007年北京国际出版论坛上，新闻出版总署署长柳斌杰表示，国家将为实现出版业真正的繁荣，采取措施打破数字出版产业与传统出版产业的界限，实现两者之间的平滑对接，并号召期刊社"强化数字出版的主动意识"。

科普期刊数字出版是指以数字期刊为传播内容、以互联网为传播渠道、以网上支付为主要交易手段的科普期刊出版和发行方式（宋建武，2015）。其作为我国科普事业转型升级的重要内容之一，具有思想性、科学性、通俗性相统一的特点，对于全民科学素质的提高有着巨大的作用。通过检索龙源期刊网、中国知网的科普期刊收录情况发现，龙源期刊网共收录了67种科普期刊，而作为中国知识基础设施工程的中国知网则收录了341种科普期刊，说明科普期刊的数字出版工作取得了一定的成果。

只要对科普期刊稍有了解就不难发现，很多期刊在内容编写上往往有着很高的重复率。科普期刊之间的差异性并不大，没有清晰的界限。但必须肯定，科普期刊的竞争力始终是内容质量，这也是科普期刊和一些时尚期刊最本质的不同，文化附加值是科普期刊占据出版市场的最佳武器。从另一角度分析，科普期刊传播的内容由于有着相当强的文化附加值专业知识（赛树奇等，2013），因此，编排人员就需要掌握非常深厚的文化积淀，只有这样才可以出版让读者领悟的文章，最终达到真正的"普及"效果。

学界对于科普期刊数字出版的集中研究距今已有4年左右的时间，且其选择以具体的农业类和医学类科普期刊为研究对象，无论是研究的时效性还是研究的普适性都有较大的欠缺。因此，针对目前科普期刊数字出版读者流失严重、营销意识薄弱、盈利能力低下等问题，有必要在当前技术发展的大背景下，以科普期刊自身的视角出发，对科普期刊数字出版所遭遇的困局及其原因进行系统的分析，以期针对性地给出突破困局的路径和对策。

（一）阅读碎片化和富媒体化下的读者群萎缩

根据2014年11月工信部公布的数据预测，2015年我国的4G用户数量将达到2.5亿。手机网民的剧增、4G的快速普及宣布我国正式进入上网速度快、网络覆盖面广的移动4G时代，手机、平板电脑等移动终端的新媒体阅读已占据媒体市场的巨大份额（王炎龙和李开灿，2015）。网民通过手机随时随地快速地获取富媒体信息成为可能。因此，网民阅读也进一步呈现出碎片化和富媒体化的趋势，习惯驱动作用日益凸显（赵晓春等，2014）。然而，科普期刊数字出版的信息呈现形式仍然以传统的面向PC端的长篇图文信息为主，与读者的阅读习惯变化背道而驰，致使读者大量流失。

第一，针对手机终端的科普内容少。2014年8月中国互联网络信息中心发布的《中国移动互联网调查研究报告》显示，有超过49%的手机用户每天上网时间超过2小时，且有将近50%的手机用户选择在上下班途中、就餐间隙等碎片化的时间使用手机上网阅读。这对于科普期刊的数字出版来讲，无疑是一个巨大的市场。而现阶段的科普期刊数字出版绝大部分仍是面向传统互联网的，针对手机终端出版的科普内容很少。仅有极少数的科普期刊，如《科学画报》《知识就是力量》《大众医学》等借助微信平台部分实现了面向手机终端的内容出版。此外，至今仍没有科普期刊登录到三大移动运营商的手机自带阅读软件（移动手机阅读、联通沃阅读、电信天翼阅读）的阅读分类中，丧失了扩大信息覆盖面、提升期刊影响力与传播力的机会。在集成科普资源、增加用户黏度等方面，仍有欠缺。

第二，缺乏富媒体科普内容。一是面向PC终端的数字出版，其形式就是将纸质版本的期刊进行图片扫描再上传到网站上，仅能满足读者阅读内容的需求，不能满足读者进一步的关键词搜索或是超链接查询的需要，给读者全方位地获取科学信息带来了极大的不便。此外，文字加图片的内容也不能满足受众富媒体化获取信息的需求。4G技术使得高速传播音视频成为可能，在此条件下，读者不再仅仅停留于耗时长的静态的无声图文内容，而是有了快速获取动态的、有声的富媒体内容的强烈诉求。目前来看，即使是借助微信公众账号出版的科普期刊，其内容呈现形式也均为文字加图片，且更新周期缓慢，致使信息的实际阅读率不高，出现了很多读者关注公众账号后不久又取消关注的现象。

第三，忽视与读者的平等交流与互动。移动4G时代的期刊出版在很大程度上已由过去的出版社本位转向读者本位。但目前很多科普从业者仍以教育者的角色自居，以自我为中心，创作和传播的内容中因带有明显的说教口吻而缺乏趣味性。很多科普文章对于科学现象的阐述也流于表象，不够透彻和清晰，使得文章失去了可读性。此外，因为缺乏与读者的交流沟通，忽视读者意见反馈，使得科普创作成了信息孤岛，离读者越来越远，最终造成了读者的流失。

第四，读者的培育与黏性培养。刘泽林（2005）认为科普期刊除了以上应该从自身改革努力之外，还要看到有的科普期刊虽然办得不错，选题精良，制作精美，但由于读者群是中学生或者读者群较少的缘故，没有大量的广告投入，成为"叫好不叫座"的科普期刊。这些问题不是科普期刊自身努力就可以解决的，需要一个为时不短的适应调整过程和国家政策的支持。米艾尼（2008）认为"我们的主要读者，就是中学生和大学生，这部分孩子求知欲比较强，也比较有时间，参加工作以后的人，一般都不怎么看科普读物了。"总之，造成读者队伍黏性不高的原因有很多，发现原因正是下一步需要加快解决的问题，也是科普期刊发展的基石。

（二）营收途径单一导致盈利能力低下

目前的科普期刊数字出版，无论是面向传统互联网的，还是针对移动互联网的，主要都是依靠订阅量及广告进行营收，未能探寻出更多的营收途径，总体的盈利能力十分低下，主要表现为以下四个方面。

第一，传统网站上的科普期刊。就中国知网中的341种科普期刊所设置的供读者进行操作的按钮和提供的信息来看，其营收方式与传统的纸质期刊相比没有质的区别。其订阅量取得的营收扣除其出版成本之后，获得的盈利是极少的。所以其真正的盈利途径实质上只有广告一种。而对于科普期刊来讲，将广告作为其主要的盈利方式，本身就是一个需要慎重对待的问题。这是因为，过多的广告会影响刊物的质量和读者的阅读体验，致使订阅量减少，进而使其对于广告的吸引力降低，减少刊物盈利。即使科普期刊能够在刊物质量、读者体验和广告量间找到一个较好的平衡点，但因其与同行的竞争关系所导致的缺乏交流，使其在面对广告商时往往因单兵作战而话语权薄弱，丧失了同广告商谈判的主动权，单位版面收取的广告费用会很低。综上所述，传统网站上的科普期刊依靠订阅量和广告所取得的盈利实际上是十分有限的。

第二，借助第三方平台面向移动终端进行出版活动的科普期刊。这类科普期刊的营收途径相对于传统网站上的科普期刊来讲有了较大的拓展：会员定制服务、组织线上线下活动等都是其新兴的营收方式，且这类营收所耗用的成本极少，盈利能力较强。但其同样存在着较大的问题：出版活动的稳定性、读者数量受制于第三方平台的用户黏度。可提供的服务及借此能够获取的盈利也很大程度上受第三方平台的影响。缺少同更多第三方平台的合作，如缺乏与移动运营商的合作，丧失了获取流量分成的可能。

第三，移动互联网营销意识的缺失，是造成科普期刊数字出版困局最重要的因素之一。追根溯源，要归咎于"科普是公益事业"这一传统科普出版思维的影响。"公益出版主要注重社会效益，而非利润追求。但是同样要重视经营管理，以提高效率，提升社会效益"（王炎龙，2012）。目前，大部分的科普期刊仍然将数字出版的重心集中在科普工作的公益性质上，忽视了其在移动互联网环境下进行市场营销的必要性和可行性。科普期刊在移动互联网上传播的内容，不得不同新兴的科普网站，如知乎网、钛媒体、虎嗅网等展开激烈的竞争。相比之下，这些新兴的科普网站对于移动互联网营销的重要性认识先天强于科普期刊，致使其在营销方面投入的人力、物力、财力也远远超过科普期刊，最终使得科普期刊在信息传播广度和广告吸引强度方面失去了竞争力。

第四，营销方式的落后也是一个不可忽视的因素。这主要针对的是少数意识到市场营销的重要性并开始进行移动互联网营销的科普期刊。这些刊物在营销方面的问题主要可以归结为以下三点：（1）未能展开不同行业之间的营销战略合作，同行之间也缺乏交流，使得市场信息闭塞，营销失广；（2）对移动互联网的快速发展所引起的市场营销理论和营销方式进展认识不足，对新兴的营销平台理解不够，营销失新；（3）对于不同年龄段、不同社会阶层采取同一营销手段，应用同种营销语言，营销失准。

中国科学院研究生院李大光教授说，办好一份科普期刊，一方面期刊要有好的声望，另一方面管理和经营机制也很重要，我国的科普期刊在市场化方面做得还有欠缺，还没有完善的发行渠道，没有营销运作观念。另外还要解决语言问题，来吸引读者。

五、经济问题影响期刊的发展与发行

市场经济的兴起，冲击了许多按常规走路的科普期刊。以往国家拨给办刊经费，包括印刷费、纸张费、工资福利、养老保险……期刊的主编静心专注审阅稿件，无后顾之忧。现在不同了，不断发展的社会主义市场经济要求主编必须穿新鞋闯新路，要自己养活自己。作为科普期刊，如何实现自负盈亏、自给自足，这是随着市场经济的确立带来的一个严肃课题（陈伯林，2000）。

对于期刊来说，其经济问题从两个角度来考虑：一是购买力方面。期刊要想卖出去，需要有大量的读者，目前期刊的印刷质量提升很多，这势必造成成本的升高，而提高期刊的发行费，第一个影响到的就是读者，读者的收入影响期刊的定价与发行。过高的定价，势必会造成发行量减少，从而制约期刊的发展。造成期刊成本直接上升的另一个原因就是稿酬，稿酬高编辑部成本就高会造成期刊发展财力不足，而稿酬偏低又影响作者创作的积极性。这是一对影响期刊的重要矛盾。科普期刊的充分发展很大程度上依赖于社会受众的经济收入、生活质量和文化修养的提高，因为期刊发展依赖于对高质量阅读的要求。以《Newton 科学世界》为例，它在广东等经济发达地区的销量，明显高于其他地区。日本、我国台湾等地科普期刊的销售水平也是与其生活水平相关的。科普期刊的经营者面对漫长成长期，经济压力不容忽视。《Newton 科学世界》一个月 20 万元的成本开销，在市场化的科普期刊中，是有代表性的。因此按业内人士的估计，在经济上能持平的科普期刊只有极少数。米艾尼（2008）谈起科普类期刊生存的困局，唐云江摇了摇头："科普类文章的稿酬差不多也就是其他类文章稿酬的三分之一，做科普作家，实在是难以养活自己。"

我国科普类期刊也曾经辉煌过，可眼下发行量滑坡，究其原因，有下列几点：资金不足，发行渠道不畅。发行网点少，书店缺乏销售积极性等，都使得科普刊物发行受阻。

低水平重复，质量不高。这一问题主要表现在少儿科普期刊的出版上，条块分割，竞争乏力，发行不畅。科普刊物大致分为实用科普和理论科普，从市场调查看，实用科普占科普刊物出版量的绝大多数，理论科普刊物出版量则很少。

传统媒体和新媒体此消彼长的讨论已持续多年。互联网、智能手机、微博、微信，都是新技术、新平台，说到底是一种工具，一种介质。传统媒体中的纸媒危机，本质上是"纸"而不是"媒"的危机。健康科普期刊应抓住机遇，以内容为基础，以技术为利器，以新平台为试验场，整合资源，延伸服务，吸纳人气，树立公信力，扩大影响力，实现线上、线下的产品、信息、服务售卖将是水到渠成的事情（丘彩霞等，2012）。

新中国科普期刊的发展已有近70年历史，目前市场上多数科普期刊创刊于20世纪80年代。其中有不少科普期刊曾经创造过极其辉煌的发行奇迹，如《科学与生活》最高发行量曾达到174万册，《科学画报》曾达到128万册，《无线电》单期发行量甚至接近200万册，但这种辉煌并没有持续很久。进入21世纪后，随着一些交叉学科和边缘学科的不断发展，大众的阅读需求发生了变化，同时，伴随新媒体工具的不断涌现，人们的阅读习惯也在悄然改变，科普期刊的读者出现了分流，这极大地削减了科普期刊的读者数量，加上受到一些固有体制的约束，许多期刊未能及时转变办刊模式，经营状况每况愈下，不少科普期刊甚至销声匿迹。

寻找合适的期刊运营模式一直是办刊人苦苦思索的问题，但受制于科普期刊的媒体特殊性，在办刊模式上有所突破十分困难，难在哪？笔者认为主要是理念。如何跳出传统的思维方式，用新视角来看待期刊的发展，显得尤为重要。

第2节 解决思路

针对大多数科普期刊整体滑坡的趋势，学术界和出版界诸多学者与经营者从不同角度就这一现状进行了研究。罗子欣（2010）从新媒体时代的特征出发，论述了科普传播与新媒体的天然耦合性，提出科普传播的新思维，认为科普应善用新媒体平台，注重受众需求，打造科学传播新平台。龚维忠（2011）以《科学启蒙》为例，从发展历程、编辑理念以及经营认知三个方面分析了科普期刊的办刊规律和经营理念。房桦（2013）探讨了科普期刊在坚持科普定位的前提下，通过与科普产业融合来开展市场经营活动的必要性与可行性，着重分析了科普期刊在科普产业中拓展经营的优势，并对科普期刊参与科普产业的实现路径进行了讨论。李雪等（2015）从内容策略、品牌策略、平台策略和商业策略四个方面，分析了新时期科普期刊应具备的办刊理念和媒介运用能力，并就如何提高期刊全媒体创意策划水平提出了参考建议。郝丽霞（2016）分析了数字化浪潮冲击下，科普期刊的转型与创新问题。张波（2016）提出了科普期刊创新发展应进行新媒介转向（新媒体化生产与传播）、经营语态转向（从宣传语态到服务语态）和运营模式转向（主导科普传播与类别化发展）三重转向，从而实现科普期刊的创新变革。黄晓峰（2017）从科普项目能得到政策扶持和政府资金支持的角度出发，通过《农村新技术》参与科普项目的成功经验，提出可通过参与科普项目研究带动期刊发展，提升期刊影响力。俞敏等（2017a）和武瑾媛等（2017）分析了科普期刊和新媒体融合发展的机遇，提出科普期刊可通过微博、微信、微视频等微媒体进行融合实践。

上述学者研究了当下的科普环境和国家的相关科普政策，研究了新媒体时代科普传播的变化及受众的阅读特征，针对期刊的自身优势和特点进行了转型发展探索，取得了一定的成效。作者尝试总结归纳解决思路与观点，以期抛砖引玉。

一、以人为本，务实创新

2000年10月，《地理知识》正式更名为《中国国家地理》。更名的背后是办刊理念的转变，他们着重强调以人为本、科技和人文结合的办刊理念。《中国国家地理》的执行主编借鉴了《美国国家地理》的办刊理念，强调期刊要找到人与自然、历史能够平等交流的朋友感觉。因为这种办刊理念而成功的期刊还有《家庭医生》《汽车与驾驶维修》等。可以看出，从这些刊物的名称上就突出了为人服务的思想，体现出以人为本的办刊理念，这些期刊的成功证明了求真务实、以人为本、不断创新是科普期刊发展所必须坚持的理念（刘泽林，2005）。科普期刊的市场意识是一个系列的体现：在期刊的选题上要符合市场的需求也就是读者需求；在期刊的推广发行上，要做市场调研，了解采取什么促销手段能让有阅读欲望的读者买单；在期刊的广告策划上，要结合市场，争取更多的用户；在期刊社的内部管理上，要考虑如何能降低管理和运营成本，调动员工积极性发挥其最大价值等等。所有这些都需要科普期刊把自己定位在要积极参与市场竞争的商品位置上（刘泽林，2005）。为更好地吸引读者，刊物可利用自身优势，较深入全面地报道社会关注的农业热点难点问题；缩短政策、市场等社会信息内容的出版周期，加快传递；注重版面的设计，使装帧贴合内容，帮助读者理解，提高阅读舒适性。此外，制作礼物与组织互动为常用的创新方式。

（一）科普制作小礼物

随期刊赠送读者小礼物，是期刊吸引读者的渠道之一。不同类别的期刊，可以根据其特点，制作能够带有期刊特色和烙印的小礼物，以吸引更多读者群体。《博物》不定期赠送的礼物，实用、时尚，颇得小朋友及家长的喜欢，《中国国家地理》2000年第8期首次在专辑中赠送大幅单张地图，至2010年共赠送65幅，也成为读者收集并珍藏的礼物。

（二）组织互动活动，与读者密切沟通

建立全国读者服务网和组织夏令营活动、各类考察活动，是宣传期刊并且吸引读者的方式方法之一，目前很多期刊已经有这方面的尝试与探索，并且取得了较好的效果。

中国国家地理全国读者服务网是以服务品牌、服务读者、满足读者需求、全方位销售展示《中国国家地理》系列产品为宗旨的服务体系。自2006年3月份以来，读者服务网相继在全国陆续建立了服务站点，其职能是开展当地读者服务和期刊品牌展示工作。为了使更多的读者能享受到各项便捷的服务，中国国家地理全国读者服务网计划继续在全国各地建立更多的服务站点。

二、通过媒介事件扩大期刊影响，增强读者黏度

媒介事件往往依托于一次重大新闻或突发事件，因此，意外事件的发生，必然成为科普宣传的最好契机之一，如太湖蓝藻大暴发引起全社会对公共环境安全的关注、华南虎照片事件产生了多种科普效应、"嫦娥一号探月"成功掀起公众太空科普热、2008年我国大范围雪灾导致人们对气候变迁的思索等等，都成为科普期刊值得重点策划和运作的选题，也是媒介事件最为钟情的绝佳报刊素材。基于我国科普期刊长期的经营体制和运作模式，真正意义上适应市场化生存的期刊还是少数，对它们而言，"媒介事件"或许还是一个新名词，但从运作模式上看，却并不陌生，比如在实际操作中人们常常运用的媒体联动。在新闻报道中，不同的媒体相互配合共同关注一个话题（事件），通过不同的报道手段的相互配合，取得较好的报道效果，以达到新闻宣传或舆论监督的目的，称之为媒体联动。它不是一家媒体的单兵作战，强调的是跨媒体合作——报纸、电视、网络的配合，使新闻传播效果更显著。1997年由中国科普作家协会国防科普工作委员会倡导，《兵器知识》《航空知识》《舰船知识》《电子世界》等科普刊物与《人民日报》《解放军报》《国防报》等媒体共同发起组织的"爱我中华、强我国防知识竞赛"活动，就是一次非常成功的媒体联动。此次活动媒体宣传广泛，群众参加踊跃，共有5000万人投送了答卷，规模浩大，影响空前，其实就是一次经过精心策划和组织的媒介事件，不过它的观赏性不足，强调的是参与和互动。

借助他力的大型活动，是科普期刊可以提高影响力的渠道之一，而且许多期刊编辑部已有成功的经验。比如：2009年4月，《中国国家地理》联合央视网、央视移动传媒，打造大型国庆献礼活动：新中国成立60年——献给祖国"中国最美的地方"。活动利用央视网的互动平台，依托中国国家地理"选美中国"评选活动中展示的17大类别114处自然人文景观资料，发动广大驴友参与，分阶段推出评选活动。同时利用CCTV电视平台、央视网、央视公交移动电视、中国国家地理期刊、手机及网络平台进行全程推广。

创办于1958年的《天文爱好者》，是我国第一份天文科普期刊，2007年为配合我国"嫦娥探月"工程的宣传，与中国天文学会普及委员会、搜狐网等联合主办了"金秋览月"望远镜看月球活动，在富有中国传统文化气氛的中秋佳节期间，读者中的资深天文爱好者在各地设立望远镜观测点，向周围普通群众免费开放，并义务宣讲有关月球及我国探月工程的基础知识。"金秋览月"借"嫦娥奔月"引发的全民关注太空热潮，通过电视、报纸、互联网等多种媒体造势，营造了一次颇具规模的观月盛景，持续时间近半月，活动范围遍及全国各地，参加人数达几十万，社会反响强烈。"金秋览月"活动，将一次科技新闻事件演变为一次带有"节日体验"的"媒介事件"，无疑丰富了期刊传播科学知识的手段，同时也极大地提升了《天文爱好者》的品牌优势，增强了其市场生存能力，成为2007年我国科普期刊媒体运作之中的一抹亮色。

"媒介事件"在一定程度上可以成为媒体联动的一种外在表现形式，提供一种新的动力，也是媒体高度的一种培植。

三、寻找与拓宽创作者队伍，提供优质的期刊内容

科普期刊是和科学知识、科学家打交道的，其前端接触到的人群应该是科学家和科技工作者。作为科普期刊的编辑，应该到科学家中去，请科学家为期刊提供文章或者和他们交朋友，了解科学前沿观点与知识，从而自己将其撰写成科普文章，以提高期刊的科学前沿性。科普期刊的记者编辑在和科学家交流过程中，可以提高自己的科学素养和专业水平，从而更好地服务期刊，服务读者。期刊编辑记者队伍越成熟，期刊的水平就会越来越高，以便期刊贴近读者的同时，普及更多的科学知识。

科普创作队伍的拓宽渠道主要有以下四种：退休科学家资源利用；科研人员科普创作能力培养；从硕士博士研究生中挖掘人才；编辑记者科学素质培养。

对于科普创作而言，能够很好地吸引广大退休科学家的加入，是一个非常有利的科普事业发展的途径。老科学家知识渊博，治学严谨，而且从科研岗位退休后，时间也十分充足，只要有较好的文字功底，同时热爱科普事业，绝大部分都能够成为十分优秀的科普作家。这是需要科普期刊十分重视的科普创作力量。

当然，中青年科技工作者中也有许多热爱科普事业的人员，他们工作在科研一线，掌握着最新的科技动态，可以为读者提供新鲜的科普知识。这需要期刊编辑积极动员社会力量，对热爱科普事业的中青年科技工作者进行必要的培训与鼓励，争取越来越多的人员加入科普创作队伍之中。

另外一支不可忽视的科普创作力量来自高校的硕士博士研究生，这是一支十分庞大的队伍，他们刚从青少年阶段成长起来，十分了解青少年对什么知识点感兴趣，想了解哪些科学内容。科普期刊可以充分从青年学生中挖掘与发现人才，积极培养，便可以为科普创作队伍提供新鲜血液。

科普期刊自己的编辑记者队伍是科普创作力量中的基础与支柱，需要科普期刊主办者充分挖掘出来并培养，只有科普期刊的编辑记者科学素质过硬了，才能够编辑加工好创作者的文章，也才能够自己撰写科普文章，这样科普期刊无论何时，都不会出现断炊的现象，都会拥有充足的稿源可供选择。

拥有了老科学家的支持，中青年科学家的帮助，在校硕士博士生的参与，再有科普期刊编辑部自己的编辑记者队伍，大家齐心协力，就一定能够为科普期刊提供更多优质的内容，促进科普期刊的良性发展。

四、出版简练的手机富媒体科普期刊

第一，转变以自我为中心的思维模式，以简练的、平等的而又充满趣味性的语言呈现科普内容。应特别注意读者信息获取时间和地点的碎片化，减少长篇大论式的文章，尽量使出版的内容简洁明了而又不失专业。此外，要密切与读者之间的交流沟通，及时获取读者的意见反馈并适时对内容和表达方式进行调整。知乎日报实质上就是通过二次编辑知乎网上用户的精辟回答所形成的一本数字科普刊物，其语言风格简洁明了、趣味横生而又不失专业。其具备的社交功能又使编辑能够实时了解用户的反馈意见，进而做出内容和版面的调整，所以一出现便吸引了大批的读者。知乎日报的内容处理方式、读者反馈处理方式等，都值得科普期刊数字出版借鉴。

第二，面向手机终端出版富媒体科普期刊。移动4G的推广、手机用户的剧增，对于科普期刊数字出版来讲是一个巨大的市场。针对现阶段面向手机终端出版的科普期刊较少的现象，需要从以下两个方面着力：一方面是利用新兴的出版途径进行富媒体期刊出版。早在2013年11月，威利出版集团旗下的威利期刊就已经基本实现了期刊的富媒体出版。应该看到，富媒体出版是将来科普期刊数字出版的一个重要发展方向。新兴的出版途径主要包括三大移动运营商的手机自带阅读软件、微信公众号和微博。之所以选择这三种途径，是因为其均具有较强的稳定性和较高的用户黏合度，可以极大地提高科普内容的阅览率。同时，通过这三种途径还能进行文字、图片、音视频等内容的混合编辑，能够实现科普期刊的富媒体出版；另外一方面则需加快科普期刊自身App的开发，以便集成数字资源并兼顾平板电脑等移动终端的出版。这需要科普期刊快速实现资源数字化并加快对新兴技术的运用，逐步实现自身的转型升级。

（一）进行精准而又独特的微媒体营销

《中国科协关于加强科普信息化建设的意见》（柴明等，2015）中明确要求，科普信息化需要"从政府推动、事业运作的科普工作模式，向政策引导、社会参与、市场运作的科普工作模式彻底转变"。尽管《中华人民共和国科普法》规定科普是公益事业，但也早已有学者论证了科普期刊出版进行市场经营的必要性和可行性（俞敏等，2017b）。可见，科普期刊数字出版进行市场化营销既是必要的，也是可行的。而在移动互联网快速发展，微媒体平台功能日趋完善且其用户数量剧增的背景下，实行微媒体营销策略无疑有助于科普期刊数字出版的良性发展。这里的微媒体主要指的是微信和微博。二者所拥有的巨大用户数量意味着广阔的科普市场，而这两个媒体本身的营销功能就比较完善，十分适合科普刊物进行营销活动。针对微信而言，其强关系链的特性使得信息的可信度会因陌生人是读者朋友的朋友而提高（周明，2015），所以微信营销的关注点应该在于营销活动的可操作性。具体来讲，科普期刊可以建立起自己的微信公众平台并及时、稳定地进行高质量的内容更新以吸引读者关注账号，同时通过赠送数字期刊阅读券、实体书刊等方式鼓励读者将出版的内容分享到自己的朋友圈中，吸引读者朋友对于公众账号的直接关注。针对弱关系链的微博而言，由于其节点传播让传播路径四通八达，要想在微博领域展现自己的话语能量需要依靠自身的表达能力和信息掌握程度、共识（刘德生和俞敏，2017）。因此，微博营销应将注意力集中在营销信息的真实性和权威性上，注重微博意见领袖的引导作用（相欣，2018）。具体而言，可以通过与加 V 账号的合作进行科普期刊营销信息的发布。值得注意的是，在进行微媒体营销的时候，一定要重点关注营销的精准性和独特性。于精准而言，针对不同行业、不同年龄层次的读者需采用独立的营销文案。可以在微媒体后台将读者分为不同的组别，再据此分别推送不同的营销文案。如对在校高中生，行文要紧跟潮流而又启发思维；对于刚走上工作岗位的人，行文却需突出专业而又激发热情。此外，还应该重点强调阅读该刊给读者带来的益处及由此产生的与他人之间的区别，即独特性。

（二）拓展数字资源的低成本多维营收途径

传统的发行和广告营收途径，不仅要扣除显性成本（出版成本），还需要扣除隐形成本（影响阅读体验），而且对于科普期刊的数字资源来讲实际上是一次性的盈利方式。因此，拓展新的低成本多维营收途径对于提高科普期刊的盈利能力十分必要。

1. 会员营收

可以让用户缴纳一定费用成为科普期刊的公众账号或官微的会员，享受随时随地优先获取科普期刊信息的定制化、个性化推送需求（王炎龙和黎娟，2013）。此外还可以通过定期赠送阅读券、线下组织活动等形式体现会员权利。

2. 服务营收

科普期刊在向读者出版期刊内容的同时，也可以向读者提供文章发表、问题咨询、数据提供等服务，以此获取盈利。读者有文章发表需要时，可以在保证文章质量的前提下向其收取一定的版面费用给予发表，这样的方式利于期刊的独立持续经营。同时对于需要了解更多的信息进行文章创作或是科学研究的读者，也可以通过收费的方式为其提供特定的服务，如越来越多的投资者及科研人员对科普文章背后的数据感兴趣，希望能够获取这些数据并进行相关的评估和二次研究（邢明旭，2013），科普期刊可以将这些数据提供给读者，实现数字资源的多次盈利。

3. 流量营收

这是一直以来被数字出版商忽视的一个重要营收途径。科普期刊数字出版要获取盈利，与移动运营商之间的合作是分不开的。各科普期刊首先要摒弃传统的竞争思维，与同行成立联盟后再同移动运营商谈判合作形式。择优签订合作协议后，移动运营商为科普期刊提供出版途径和页面，而科普期刊为其吸引流量，两者再就协议规定的百分比进行流量分成。

进入崭新的全媒体时代，中国科普期刊遇到了前所未有的发展阻力，国内科普期刊应该积极寻找可行的出路。除了期待国家加快提高公众科普素养外，更应剖析自身寻找解决途径：一是适应当下形势，多媒体联动合作；二是规避无谓竞争，找准整体定位；三是更新陈旧观念，进行市场转型；四是积极探索市场，实行规模经营；五是打造期刊精品，树立品牌意识；六是开拓全新渠道，力求多元发行（史玲玮，2018）。

下面分别简单分析农业类科普期刊、青少年科普期刊和医学健康类科普期刊的发展策略，希望能够为期刊主办者提供一定的启迪和借鉴作用。

五、农业类期刊的发展策略

随着我国市场经济体制的确立和不断完善，农业科普期刊面临着越来越大的市场冲击，以往的办刊理念遇到了新的挑战。农业科普期刊主要是满足农村读者的科技需求，在研究农民的潜在需求的基础上，提高文章实用性，积极了解和掌握农业科研动态，追踪学科发展前沿，及时、准确反映农业科研的新成果、新技术，技术推广的新经验、新思路，提高期刊的科技含量。在编辑过程中，要严把审稿关、文字关、校对关，确保文章的科学性、准确性；重视栏目内容的策划。农业科普期刊不仅要保证内容在学术上的理论高度，而且特别要考虑语言通俗、内容实际，使读者阅读方便，内容更加实用，让新科技与读者需求紧密相连。

余开等（2017）在《编辑学报》发表文章"论培育新型农业经营主体背景下农业科普期刊的发展策略"，提出了一些有借鉴意义的观点：转变观念，适应新常态；坚持内容至上，以内容优势实现发展。此外，农业是效益较低的行业，即使在发达国家也是需要政府部门大力扶持和补贴的，因此，争取政府支持也是农业类期刊的发展策略。

（一）转变观念，适应新常态

随着我国经济发展步入"新常态"，农业经济发展也呈现出新趋势

139

性常态化特点，我国农业经营主体已从传统统一的家庭经营形式占主导的格局转向新型的多元化经营主体（王国敏等，2014）。面对农村经济发展进入新常态，农业科普期刊必须积极适应新常态，传统期刊编辑人员要以前瞻性的眼光迎接农业经营主体格局变化的历史机遇，重新定位，自我调整，转变传统的编辑出版观念。

第一，编辑要明确农业科普期刊在新常态下所肩负的现实责任和历史使命，不仅要刊载农业科技成果，而且要强化农业科技新闻报道功能，加大报道正能量的农业科技新闻的力度，引起社会公众对农业科技发展的强烈关注。第二，从选题策划开始，编辑在稿件的取舍和栏目的策划上要做到统筹兼顾，选题策划内容既要照顾传统农户对"种""养"技术的需求，又要兼顾新型农业经营主体对农业技术和信息更加"专业化"和"碎片化"的需求。也就是说，农业科普期刊不仅要发布农业技术和信息，还要提供专业化和针对性更强的内容。第三，编辑出版的流程中，编辑要适应数字化时代工作方式的转变，针对新型农业经营主体从业人员年轻化、文化水平相对较高的特点，加强数字化出版，利用新媒体技术实现期刊内容的多样化、立体化出版。

（二）坚持内容至上，以内容优势实现发展

1. 发挥传统媒体优势，为新型农业经营主体提供优质的内容服务

现阶段，小规模、半自给"小农"在向新型农业经营主体转变的过程中，经营规模不断扩大，市场化程度不断提高，对农业科技信息服务的需求也越来越强烈，这为农业科普期刊提供了良好的发展条件。据对1077户种稻大户获取农业技术信息途径的调查，在集中介绍农业科技相关的信息方面，科普期刊相对于其他大众传播媒介，如电视、报纸更有优势。特别是在信息资源共享迅速的今天，信息量变得越来越大，真伪难辨，农业科普期刊为缺少专业知识的农民提供了准确、科学、针对性强的技术。因此，传统农业科普期刊不必妄自菲薄，应进一步明确

和坚持办刊定位,坚持"专业主义"导向,贴近新型职业农民即新型农业经营主体,为他们提供有深度、权威性、实用性的内容,努力达到内容的多样化,同时不断提升报道内容的质量,让传统期刊的优势发挥出更大作用,将固有的阵地做大做强,谋求更大的发展空间。

2. 借鉴新媒体传播的方式,快速传播优质内容

国内期刊的成功经验告诉我们,要获得期刊良好的传播效果,应充分考虑媒介特点以及读者的年龄、知识结构等因素,以满足读者的不同需求。如今,新型农业经营主体中的年轻经营者和涉农产业链各环节的企业人员,已全面熟练使用基于移动客户端的新闻产品,这是非常难得的"后发展红利"。农业科普期刊应顺应这一趋势,充分利用新媒体的快速、大量传播的优点,建立"大数据"支持下的出版运行机制,综合运用文字、图片、音视频等多种形式,满足多数新型农业经营主体经营者的媒介诉求,增强报道的感染力和吸引力;同时,可以开通以手机为媒介的短信服务、微博平台、微信公众平台、App等,以方便新型农业经营主体利用农闲时间对内容进行深度阅读。例如报刊媒体报道了小龙虾被检出致癌药物,供货渠道尚未查明,《科学养鱼》微信公众号次日就跟踪报道了部分地区的小龙虾药残检测结果,这条信息两天内点击量就超过1.2万人次。还可进行网络优先出版,使刊物承载的受季节和地域等条件限制的农业生产技术和信息,快捷地得以普及并转化为现实生产力。

3. 以特色栏目吸引作者和读者

期刊的特色栏目要突出的是"特色"。如《科学养鱼》根据行业受众群体的特点,优化栏目设置,将栏目细分成鱼、虾、蟹、贝、藻等,可以方便地引导作者和读者了解办刊原则和所刊论文的内容及范围,以便更好地服务于受众群体,吸引作者和读者群体。依托行业智力资源,在中国水产业整体升级的背景下开设了《特别策划》特色栏目,依托

栏目优势，由编辑部策划专题，采访专家、经销商以及从事水产行业的新型农业经营主体等，充分保证报道内容的原创性和真实性。此外，《科学养鱼》还借鉴兄弟期刊的经验，开设了微话题、微调查等全新栏目，虽然只是最初级的简单尝试，但强化了作者和读者的参与意识，期刊也得到了业内人士的认可，他们从《科学养鱼》中获取最新的水产资讯、行业新闻、科研成果等，是《科学养鱼》最忠实的阅读群体。

《科学养鱼》最近两年网站、微信公众号的访问结果已经充分证实了上述情况。不仅如此，《科学养鱼》还设想对栏目制作做更大的调整，吸纳新型农业经营主体成为《科学养鱼》的特约栏目编辑、特约栏目审稿人，让《科学养鱼》真正成为行业人的《科学养鱼》。

广告是农业科普期刊收入的主要组成部分。期刊可采取多种社会合作方式，拓展广告资源，遵守以市场为导向、以受众服务为己任的原则，做好针对广告主的服务，运用期刊本身的优势吸引广告主。期刊广告经营部门还应针对广告主的刊播内容进行广告版面和主题的策划，以迎合读者的阅读习惯和兴趣。通过版面策略提高期刊广告经营的时效性，增强期刊广告的传播效果，以促使与广告主进行进一步合作。为吸引广告，农业科普期刊可以采用更加灵活的方式，如在价格策略上可根据发行量与影响力、同类刊物广告价格、期刊所在市场的广告总量等多种因素制定；对连续刊登广告的长期客户予以适当优惠，吸引客户并和长期客户建立稳定的合作关系（陈焰，2013）。

读者是农业科普期刊生存的条件，抓住细节做好读者服务工作十分重要。期刊文章不可能面面俱到，也不可能满足读者方方面面的需求。在平日工作中，注重提高服务效率，认真解答读者在期刊热线、网站、短信、来信等中提出的问题，热情接待来访，满足读者的个性需求和特色需求，有利于培养忠实读者，增加期刊读者群的稳定性。利用科普期刊联系单位技术力量强、专家多的特点，联合相关厂商，开展科技下乡、编读联谊、产品推介等活动，一方面可以扩大期刊影响，提高期刊美名度；另一方面也可获取一定经济效益，还可以发挥自己专业性强、信息渠道广泛、整合信息资源能力强等优势，和相关单位合作，开展农民职业技能培训、进行实物和信息产品的销售，帮助农民解决问题，获得经济效益（陈焰，2013）。

（三）争取政策扶持

农业是效益较低的行业，即使在发达国家，农业也是政府部门大力扶持和补贴的行业。同样，与农业密切相关的农业科普期刊也需要国家予以重视和扶持。当前随着国家发展现代农业，加大对农村的建设和投资，加强农村精神文明建设，一些文化项目如"农家书屋"的建设等也为农业科普期刊的生存带来了一点活力。因此，农业科普期刊应该响应国家宏观政策的号召，努力参与到农业和农村的建设中去，体现自身的价值。此外，政府也应大力扶持农业科普期刊，投入专项资金，使其参与到农业科技推广工作中，既可以促进农业科普期刊的发行量，也能提高农民的素质，加快农业科技成果的转化（蔡端午等，2016）。

所以在科普期刊自身不断创新改革的同时，一个非常重要也非常必要的条件是，科普期刊需要获得国家更多的政策支持（刘泽林，2005）。尤其在个性化时代，轻松阅读和功利阅读（也称实用性阅读，与实用类科普期刊对应）的科普期刊相比非功利阅读（也称思考性阅读，与科学人文类和知识普及类科普期刊应对）的科普期刊能获得更多的读者群，前者能在竞争激烈的市场中存活下来，而且还能获得很好的社会效益，但是有的非功利阅读的期刊尽管从期刊策划、内容和设计上都很不错，只是由于不是很"实用"，需求的读者是少数群体，就会成为办得精良、卖得不好、广告商不愿投入的科普期刊。为了它们的健康持续发展，完全靠科普创作者的责任感和良知是不够的，必须获得国家的大力支持，以保证这些期刊创作人员的工作热情。

六、青少年科普期刊的发展策略

青少年科普期刊的办刊思路：引导青少年在享受中获取知识、进行科学探索、深入思考、大胆想象、勤于实践、为社会服务。强调思索与动手并重。必须有满足青少年需求的新颖、准确、简单、实用的科普内容，还必须有引人入胜的表达形式和别出心裁的娱乐性（卢武昌，2014）。

青少年科普期刊的生存压力很大，必须在科技教育视野下审视其发展策略，建议保证其科学性、关联性、通识性、关联性和互动性，力争使科普期刊在新时代背景下焕发出新的生命力，赢得青少年的认同和支持。（1）选题要将科技知识和娱乐完美融合在一起，激发青少年强烈的求知欲和好奇心；（2）将乏味的阅读转变成极具趣味的科学探索；（3）将眼睛阅读引导到心和手阅读，让青少年享受成功的乐趣；（4）将阅读过程设计成放飞想象、动手实现理想的过程；（5）将枯燥的阅读变成心旷神怡的享受（卢武昌，2014）。

（一）保证科学性，避免错误和误导

青少年科普期刊所呈现的知识要科学、准确，格式、语言要规范，还要有能力辨别伪科学，以免背离科学事实、误导读者、以讹传讹，造成不良影响。只有确保刊载的知识内容准确无误，才能让青少年把握科学本质、领悟其精神、体验其过程，真正提高科学素质。

（二）保证关联性，拓宽知识和视野

青少年科普期刊应该保证与学校教育的关联性，保证各学科间的关联和融合，有意识地对学校知识进行补充和延伸。第一，已有的知识基础和学习体系能够激发学生学习的欲望，提高青少年对科学技术的兴趣。认知学派心理学家认为，学习的基础是学习者内部心理结构的形成和改组，学习者在学习中需要将新概念和新信息融入已有的认知结构之中。青少年科普期刊在选择与学校教育相关联的内容时，不能对学校教育知识进行简单的重复和强调，而是应该把握好难易程度，唤起学生头脑中原有的科学认知结构和经验，引起共鸣，以达到有效提升与发展，开发蕴藏在他们身上的潜在品质和能力。第二，这是基础教育新课程改革的需要。如前所述，学校教材容量有限、更新不易、呈现方式受限，科普期刊有责任与学校课程衔接，这与新课改理念是相通的。新课改着眼于全面提高公民的科学素养，倡导以校外资源来拓展学生选择的空间，给学生提供多种探究活动，促进学生兴趣的培养和学习方式的转变。第三，能够获得家长和教师的青睐。与学校知识的关联和衔接能够使科普期刊得到家长和教师的认同，获得更多的关注和支持。

（三）保证通识性，回归兴趣和经验

通识教育关注人全面、和谐的发展，主张开展非专业性的、非功利性的教育，提倡给青少年一种基于兴趣的、准确的、一般性的知识，使青少年熟悉生活各个领域的知识和技能，全面提高综合素质。科普期刊可以很好地发挥通识教育作用。如果科普期刊太专业或过于深奥，就会缩小读者范围、拉远读者距离，浅显易懂的文字才能让读者愿意看、看得懂。在生活中科学技术无处不在，如果能把视野拓展到与生活相关的所有领域，从身边的事物切入，将青少年的学习行为与其个人经验和兴趣爱好结合起来，就能够使其基于亲身体验更广泛地关注、感知和探究科学技术。

（四）保证互动性，引导实践与创造

科普期刊应该重新定位科普表现手段，不仅要改变说教式面孔，增加互动栏目，指导青少年活动，还要借力现代印刷技术，适当增加精美插图，提高印刷装帧质量，以更合适的、流行的、引人入胜的形式将科学传达给公众，增强鲜活性和感染力，使青少年的阅读更轻松、思维更活跃、操作更主动。首先，互动性符合青少年学习心理发展的特点。美国著名教育学家杜威曾提出"做中学"的教育思想，主张只有让学生处在参与活动的过程中，才能让他们学到真正的东西，激发他们的学习兴趣。当代青少年的心理特点是标新立异、个性突出、喜欢"读图"、参与意识强烈；其次，保持互动性能够使科普期刊由"静"变"动"，克服其静态劣势，激发学生的创造力。运用独特的科技思维能力，别出心裁、富有创意地提出或解决科技现象或科技问题的能力，是青少年创造能力中的重要组成部分。

科普期刊应该强调学习的过程和探究的乐趣，引导青少年实践与创造，使其养成勤思考、勤提问、勤质疑的习惯，能够在生活中有效地选用科技方法和技术工具，有创意地提出解决问题的方案并予以施行。

七、医学类期刊的发展策略

目前形势下，互联网医学科普信息的泛滥，对养生保健类科普期刊而言，是挑战，也是机遇。一方面，在信息过载的情况下，具有较高参考价值的养生保健科普信息仍然具有稀缺性和不可替代性。群众需要的是"钟南山"而不是"张悟本"；"张悟本"常有，而"钟南山"不常有。另一方面，普通群众没有医学专业背景，缺乏鉴别信息真伪的能力，对他们来说，具有强大品牌影响力的科普期刊是十分可靠的信息源。然而，一些养生保健科普期刊在力推互联网转型的同时，对内容质量的要求有松懈倾向，忽视了对原有核心竞争力的保持和强化。这看似紧跟时代潮流，实际上是邯郸学步。因为养生保健类科普期刊无论以何种先进的方式触及用户，都是基于内容的存在；养生保健类科普期刊对用户的吸引力，也是基于内容的参考价值。没有内容，就是无源之水、无本之木；失去参考价值，就失去了吸引力。转型不等于发展，即使实现了互联网转型，如果没有参考价值较高的内容作为支撑，养生保健科普期刊的经营也将步履蹒跚、行之不远。因此，医学科普期刊互联网转型的前提，是保持原有的核心竞争力。核心竞争力是科普期刊的科学学术内容，这不需要转型，需要转型的是生存方式。

（一）从"点对点"向"点对网"转型

当前，部分内容质量较高的医学科普期刊面临传播渠道萎缩、传播力不强的困境，正所谓"酒香也怕巷子深"。其信息传播面有限，传播速度慢，甚至在传播的"最后一千米"发生"梗阻"。具体表现为依靠低效率的邮寄方式到达读者，且发行量持续下滑。

传统媒体的发行是"点对点"传播的过程，传播渠道长、速度慢、路径单一；发行量基本就是"点对点"传播的次数。虽然可能存在读者之间借阅等通过人际关系传播的情况，但不是主流。这种信息传播方式属于工业时代。目前，人类社会的传播形态正在从工业时代"一对众"的大众传播，转向以社会成员之间平等、分享为主要特征的社交化、网络状传播。这是自1833年第一家成功的"便士报"开创大众传播时代以来，人类社会传播关系的最大变革（宋建武，2015）。人们在亿万与自己构成或强或弱的社会关系的人群中选择信息，从自己的朋友圈、同事圈、兴趣圈等社会关系渠道中，按照亲疏关系、信任度、喜好度等来构建自己的信息源。信息传播"最后一千米"的渠道，已经不是传统物理渠道，而是人际关系渠道。因此，使内容产品有效地嵌入社会关系渠道，成为媒体传播有效性的关键（喻国明，2015）。这在以微信为代表的社交平台中表现得尤为明显。通过依靠人际关系的"病毒式"传播，信息传播的次数可能远大于媒体向用户直接传播的次数。在这种传播模式下，媒体传播的对象不是一个个相对独立的点，而是由这些点构成的密切联系的网。传播方式的根本性变革，对医学科普期刊来说，是挑战，更是机遇。一方面，"点对网"传播的速度和范围都远大于发行；另一方面，我国拥有庞大的人口基数，群众对健康的需求日益增长，只要具备足够的参考价值，这种依靠人际关系的传播就拥有巨大的空间，并能带来潜在的用户。医学科普期刊重建传播力的关键，就是从"点对点"传播向"点对网"传播转型，将内容嵌入用户的人际关系网中。当然，专门定位于老年人的医学科普期刊有其特殊性，因为老年人更倾向于纸质阅读，对这一点仍不容忽视。

（二）从"读者群体"向"用户社群"转型

对医学科普期刊来说，仅仅将内容"平移"到互联网上是不够的，还要将"读者群体""平移"到互联网上，并将"读者群体"转型为"用户社群"。

传统媒体依靠发行，读者主要是被动接受，可能通过书信、电话等方式与传统媒体产生互动，但由于其经济成本和不便性，这种互动比较有限。在"互联网+"时代，读者已经不仅仅是读者，还是传播者、评论者、互动者、产品（或服务）的消费者，读者已被用户取代。同时，互联网使用户与媒体、用户与用户之间的互动变得十分便利，在这种情况下，群体逐渐演变为社群。两者的区别在于，群体是一群有共同需求的人，不强调人与人之间的互动；社群则以成员之间的互动为重要特征。

"用户社群"的打造和经营需着重把握"两个黏性"：一是医学科普期刊与用户之间的黏性，二是用户与用户之间的黏性。"两个黏性"辩证统一，相互促进。医学科普期刊与用户之间的黏性归根结底主要倚靠期刊的核心竞争力，即具有参考价值的内容。但其他方式也必不可少。比如，根据用户的个体需求进行内容"私人订制"，由用户对内容进行评论和反馈，请用户投票确定选题，为用户免费提供就医指南、计步、服药提醒等功能，开展线下活动等等。用户之间的黏性则基于共同的健康需求，以及由此产生的相互交流的需求。医学科普期刊可通过App、微信公众号等平台，为用户提供相互交流的便利。更进一步地尝试是鉴于不同用户的健康状况、遗传基因、家族病史、性别、年龄、所处地方的疾病谱不同，其健康需求是可以细分的，医学科普期刊可利用大数据，将用户细分为糖尿病患者、孕产期妇女等类别，建立用户子社群，让用户之间进行更有针对性的互动。"用户社群"就是媒体占有的客户资源，是"跨界营销"的基础和前提。拓展产品经营种类，实现多元化发展，实质就是传统媒体在社群组建完成后，转换自己的媒体身份，使自己作为一个社群的服务者而存在。这个时候就需要了解自己组建的社群中的兴趣点，进而提供符合社群口味的产品和服务，实现从线上到线下的盈利模式（赵国宁，2015）。

（三）从"发行+广告"向"跨界营销"转型

当前，传统媒体发行量的下滑和按点击量计费的互联网广告的出现，导致传统媒体广告对广告主的吸引力持续削弱，传统媒体"发行+广告"的盈利模式难以为继。传统媒体利用自身的公信力去聚合用户资源，建立用户平台，分析用户需求，建立强大的数据库销售能力，最终可以实现多种商品的大规模销售，即基于数据库的媒体购物或媒体电子商务，这将是未来媒体的主要盈利模式（宋建武，2015）。传统媒体的转型需要颠覆式的创新，与应用、服务、商务、社交充分结合，不仅做内容产品，还要做服务产品，着力打造与新兴媒体良好对接的新型媒体（谭天等，2014）。

医学科普期刊的"用户社群"是一个有共性需求的社群，其特点是关注健康，并可能为此进行经济投入。这一共性需求，意味着巨大的商业价值。其开发方式之一，是由医学科普期刊销售与"用户社群"相匹配的产品（或服务），即"跨界营销"。所谓跨界，是医学科普期刊本身不直接生产（或供应）产品（或服务），而是跨过媒体行业这个相对狭小的界限，与产品（或服务）生产（或供应）方进行合作。

在新媒体平台直接购买，即媒体电商模式很好地解决了营销方式的问题。新媒体可运用大数据，分析用户需求热点，重点推出与此相应的产品，利用媒体专业优势，进行立体宣传推介，即"共性营销"。大数据可根据用户对内容的偏好、购物记录，分析用户个体需求，为用户个性化推荐可能购买的产品，即"个性化营销"。还可通过用户向其朋友圈推荐购买，根据成交情况对用户予以奖励，即"用户营销"。

"跨界营销"的本质是医学科普期刊通过社会资源的整合，实现其影响力价值的变现。因为商家需要销售产品（或服务），但缺乏让目标群体了解其产品（或服务）的能力；媒体拥有相对固定的用户社群，但没有产品（或服务）可以提供。媒体电商营销方式的优点在于，相对于广告，媒体电商不需要面向那么大的群体。因为广告距离购买还有较长距离，而媒体电商更接近购买，具有较高的转化率。

我国拥有14亿多人口，群众对健康的需求日益增长，对医学科普信息更加关注，对健康产品（或服务）更加愿意投入。在这一点上，相对于大众新闻媒体，医学科普期刊进行"跨界营销"具有天然的优势。因为大众新闻媒体根据点击来挖掘用户需求并非易事，比如很难通过时政新闻的点击，分析用户需要什么产品。但对医学科普信息的点击，往往能明显地体现用户的健康需求。目前，很多医学科普期刊已经不同程度地实现了"跨界营销"盈利模式。它们所需要做的，就是继续深耕于大众健康领域。

参考文献

[1] 柴玥，金保德，杨中楷.《中国国家地理》新浪微博传播效应分析［J］. 中国科技期刊研究，2015，26（5）：493-498.

[2] 蔡端午，陈焰，曾德芳，龙小玲. 新时期农业科普期刊面临的问题及对策［J］. 湖北师范学院学报（自然科学版），2016，36（3）：116-119.

[3] 陈伯林. 跨世纪科普期刊创业的探索［J］. 北方经贸，2000，

(2): 48-49.

[4] 陈焰. 电子媒体冲击下农业科普期刊的生存与发展 [J]. 农村经济与科技, 2013, 24 (12): 169-171.

[5] 房桦. 科普期刊参与科普产业经营的可行性与途径探讨 [J]. 科技与出版, 2013, (7): 27-29.

[6] 付玉晶. 浅谈医学科普期刊的"三性": 科学性、可读性、实用性 [J]. 新闻世界, 2013, 11 (12): 78-80.

[7] 龚维忠. 科普杂志的办刊规律与经营理念探讨:《科学启蒙》办刊得失剖析 [J]. 编辑学报, 2011, 23 (6): 486-488.

[8] 郝丽霞. 全媒体时代科普杂志转型与创新模式探微 [J]. 科技传播, 2016, (11): 134-136.

[9] 黄晓峰. 探索参与科普项目研究发展科普期刊的途径: 以《农村新技术》为例 [J]. 出版广角, 2017, (8): 45-47.

[10] 柯春晓. 基于知识服务的科普期刊办刊模式研究 [J]. 出版科学, 2018, 26 (1): 66-70.

[11] 李雪, 黄崇亚, 邱文静, 李晓光, 董艺, 薛印胜. 科普期刊全媒体出版创意探析 [J]. 编辑学报, 2015, 27 (3): 210-213.

[12] 刘德生, 俞敏. 整合资源, 融合发展, 扩展科技期刊运营模式 [J]. 科技与出版, 2017, (5): 4-10.

[13] 刘明华. 科普期刊的发展探索 [J]. 记者摇篮, 2008, (12): 49-50.

[14] 刘泽林. 2005. 新形势下科普期刊的发展探索. (2005-11-14) http: // www.cast.org.cn/n35081/n35668/n35728/n36479/10195280_3.html.

[15] 罗子欣. 新媒体时代对科普传播的新思考 [J]. 编辑之友, 2010, (10): 77-79.

［16］卢武昌．青少年科普期刊办刊新思路［J］．编辑学报，2014，26（4）：390－392．

［17］丘彩霞，黄绮生，林少甫．健康科普期刊媒体微博的现状及思考：以9种期刊新浪微博为例［J］．编辑学报，2013，25（6）：584－587．

［18］赛树奇，韩晓东，李晟阳．现代农业背景下的农业科普期刊发行渠道创新［J］．科技传播，2013，11（15）：22－23．

［19］史玲玮．全媒体时代中国科普期刊的发展之道［J］．科技传播，2018，（8下）：176－177．

［20］宋建武．媒体人的转型方向和角色转换［J］．新闻与写作，2015，（6）：7－10．

［21］谭天，王俊．新闻不死，新闻业会死去［J］．新闻爱好者，2014，（12）：20－22．

［22］王淑君，高超，石婧，于普林．医学科普期刊的办刊特色实践探：以《保健医苑》为例［J］．中国科技期刊研究，2014，25（12）：1533－1535．

［23］王国敏，杨永清，王元聪．新型农业经营主体培育：战略审视、逻辑辨识与制度保障［J］．西南民族大学学报（人文社会科学版），2014，（10）：60．

［24］王炎龙．盲文出版困境及无障碍信息机制建设［J］．中国出版，2012，（1月下）：20－22．

［25］王炎龙，李开灿．科普期刊数字出版困局及突破路径［J］．中国科技期刊研究，2015，26（7）：722－726．

［26］王炎龙，黎娟．我国科技期刊数字化出版运营形态及新模式探索［J］．中国科技期刊研究，2013，24（5）：957－960．

［27］武瑾媛，俞敏，袁睿．科普期刊新媒体融合发展的机遇与实

践[J]. 编辑学报, 2017, 29 (3): 214-217.

[28] 相欣. 知识付费时代来临: 内容生产如何成为新的互联网生意? [EB/OL]. (2017-01-19) [2018-02-05]. http://tech.qq.com/a/20170119/002609.htm.

[29] 邢明旭. 数字时代科技期刊出版新动态: 专访威力出版集团副总裁马克·罗伯特森[J]. 出版人, 2013, (11): 86-88.

[30] 闫伟娜. 全媒体视域下科普期刊用户类别化运营机制探索[J]. 中国科技期刊研究, 2018, 29 (7): 745-751.

[31] 喻国明. 破解"管道失灵"的传媒困局: "关系法则"详解: 兼论传统媒体转型的路径与关键[J]. 现代传播, 2015, (11): 7-10.

[32] 余开, 赵永锋, 刘柱军. 论培育新型农业经营主体背景下农业科普期刊的发展策略. 编辑学报, 2017, 29 (2): 186-188.

[33] 俞敏. 科普期刊内容产品化和全品牌运营的转型发展[J]. 中国科技期刊研究, 2018, 29 (6): 633-638.

[34] 俞敏, 葛建平, 刘德生. 科技期刊与图书出版的融合发展[J]. 科技与出版, 2017, (5): 26-30.

[35] 俞敏, 武瑾媛, 袁睿, 葛建平, 蔡斐, 刘德生. 航空知识杂志社的新媒体探索之路[J]. 科技与出版, 2017, (5): 11-16.

[36] 张波. 科普期刊创新发展的三重转向[J]. 中国科技期刊研究, 2016, 27 (1): 43-47.

[37] 赵国宁. 社群经济下传统媒体的多元化发展之路[J]. 今传媒, 2015, (8): 139-140.

[38] 赵湘. 论科普期刊的时尚表达[J]. 中国科技期刊研究, 2014, 25 (5): 628-631.

[39] 赵晓春, 王鲁美, 李艳英. 我国手机媒体涉农传播的困境与对策[J]. 新闻界, 2014, (9): 15-19.

[40] 周国清，王小椒. 农业科普期刊的发展困境及其原因［J］. 长江大学学报：社会科学版，2012，35（1）：152-155.

[41] 中国科学技术协会. 中国科协关于加强科普信息化建设的意见［EB/OL］. http：//www.cast.org.cn/n35081/n35096/n10225918/16157721.html. 2014-12-23.

[42] 中国科学技术协会. 中国科技期刊发展蓝皮书（2017）［M］. 北京：科学出版社，2017：207-217.

[43] 中国科技协会. 科技部发布2013年度全国科普统计数据［EB/OL］. http：//www.most.gov.cn/kjbgz/201412.

[44] 中华人民共和国科学技术部. 科技部发布2013年度全国科普统计资料［EB/OL］.（2014-12-18）［2016-04-20］. http：//www.Most.Gov.cn/kjbgz/201412/t20141218_117008.htm.

[45] 周明. 对期刊复用自身资源进行图书出版的探索：以《无线电》杂志工作实践为例［J］. 科技与出版，2015，(10)：39-41.

第6章 未来发展方向

第1节 科普期刊的未来发展方向

传统科普期刊正在逐步适应新时代科技浪潮下传播模式的变化。20世纪末由于门户网站、论坛的冲击，使得科普期刊更加专注于有深度、更系统、有观点的内容。如今移动互联网时代，利用好新媒体产品的及时互动和反馈，将受众细分，实现精准科普，以创意为牵引，提供多种形式的优质受众体验，做到真正从市场出发，为受众服务，科普期刊即有可能为更广大新"读者"提供最具公信力的科普内容，实现更大范围的科技传播，为提高公民的科学素养贡献力量（武瑾媛等，2017）。新媒体、全媒体、智媒体、媒体互联及媒体融合已经成为这个时代媒体发展层出不穷的创新方式、方法，科普期刊要顺应时代潮流，与时俱进。

所谓新媒体，就是在报刊、广播、电视等传统媒体以后发展起来的新的媒体形态，包括网络媒体、手机媒体、数字电视等。新媒体亦是一个宽泛的概念，是利用数字技术、网络技术，通过互联网、宽带局域网、无线通信网、卫星等渠道，以及电脑、手机、数字电视机等终端，向用户提供信息和娱乐服务的传播形态（彭婕，2017）。

"全媒体"可以归纳为多种媒介融合构建的传播平台，是以内容为核心开发的多种传播方式和传播途径。这些传播方式和途径既可以独立，又可以跨界，相辅相成。全媒体的"全"不仅包括传统的报纸、杂志、图书等纸质媒体，传统的广播、电视、音像、电影等视听媒体，还包括网络、电信、卫星通信等各类互联网、移动端新兴媒体。"全媒体"的概念是伴随着"新媒体"的出现而确立的，"新媒体"与"传统媒体"共同构筑了"全媒体"（俞敏和刘德生，2017）。

智媒体是科技与媒体高度融合的产物，在智媒时代，用户的需求更侧重于体验，是一种高层次的心理需求，用户可以通过智能设备、智能系统跨时空进行内容或场景交互，不仅能获得感官享受，满足安全感和熟悉感等浅层次的心理需求，还能满足认知体验，在交互过程中智能化地获取信息并获得精神上的享受（赵鑫和刘娜英，2019）。用户体验需求主要分为四种，分别是沉浸式体验需求、信息智能化需求、人机互动体验需求、知识碎片化需求。这四种需求建立于VR、AR、MR以及各种新兴智能技术的基础上，因此，用户在获取信息时不仅从内容层面对信息的丰富性和趣味性提出了要求，也从技术层面对信息呈现形式的个性化和立体化提出了要求。

媒体互联，增强内容的连通性，延展文化空间，推动不同媒体之间的互联互动，是增强科技传播能力、提升全民科学素质的举措之一。传统期刊在信息传播方式上具有单向、平面，受制于时空、平台、形式的特点，而新媒体技术的出现，正在让传播向无处不在、无时不在的生态式、泛在式的方式转变，一个"拓"字在技术层面上表现为一种链接，这种链接消解了传统媒体传播链条受限的尴尬，带来期刊和手机屏、电脑屏、电视屏互联互动的传播新格局，体现出期刊内栏目互动、期刊内外媒体互联的融合办刊特点，也让读者感受到期刊信息价值的提升和期刊人服务读者、服务教育事业发展的不懈努力和追求（季慧，2017）。

媒体融合过程的本质其实是追求事实本源、世界真相的社会传播关系的延展和多种信息需求方式的满足（魏晓莉，2016），是内容和介质的创新发展和彼此同在的路径选择问题以及新的利益格局的划分。

科普期刊的未来发展，可以考虑从以下几个方面着手。

一、科学与人文相结合，让科普多点"人情味"

科学本身也是一种文化，人类对科学技术知识的精神需求是人在精神层面的享受。长期以来，我国的科普期刊大多偏重于实用性，出版的知识普及和实用性技术类的文章较多。很多科普内容还停留在对科技成果最朴实的解读层面，缺乏人文科学情怀。当然也有一些期刊关注到了人文情怀，并且做得还很有特色。

反观中国的科普期刊界，以科学与人文为办刊理念的期刊发展势头较好。《Newton 科学世界》就是将科学与人文有机结合的典范，它注重科学精神和科学方法的普及。在《Newton 科学世界》的"自然"栏目中，期刊追踪报道了大自然中多种多样动物的生活习性，通过图文并茂的形式呼吁人类保护野生动物；而在"环境"专栏中，不仅报道了大气污染、海洋垃圾污染等现阶段污染现状，同时也挖掘报道了地球早期的环境面貌，据此号召人类要保护环境，维护生态平衡。人文情怀也是《中国国家地理》的一大特色，在对地理学知识进行分析梳理的基础上，引入人文精神和人文情怀，在专业内容挖掘的过程中，又不失"人情味"。传统的地理知识虽然朴实，但不免枯燥，而实践地理知识的专业性又太强，将人文引入地理知识后，通过地理哲学或者地理思辨，在人与自然相处原则、旅游文化、环境保护与发展、地缘政治评价等方面建立地理哲学的传播与建立。这种从人文角度赋予雕琢的自然题材,联系和阐述自然背景,在时间和空间上寻求革新,体现了时代和地域的差异性。所以从这一层面看,《中国国家地理》已不再是传统意义上的地理知识科普期刊,而是更侧重人文地理知识的普及和传播,焦点是向读者普及人与自然的和谐共处和发展,这也体现出了期刊的科学发展观(柴玥等,2015)。

从人文情怀方面来讲,科普期刊可以在以下几个方面多做工作(赵湘,2017):

(1) 故事让科普更有趣

就拿医学科普来说,人们对健康知识的需求大,但现在线上线下的健康科普鱼龙混杂,伪科学充斥其中,读者难辨真伪,无从获知正确的医学知识。而医院的临床医生及医学科学研究者才是最权威最正规的医疗常识传播者,但由于工作繁忙、思维方式固着等原因,临床医生的科普来稿写作手法呆板,喜从病因、症状、体征、诊断、治疗、预防这一固定思路撰写,文稿形式类似医学教科书。对一般读者来说,这类文稿仅仅具有科学性,但并无可读性、实用性可言,如果编辑能在文稿中加入相关案例故事,通过故事引出相关科普知识点,这篇科普文章就会有趣、生动很多,也才能激发读者的阅读欲望,达到科学普及的目的。

(2) 故事让读者更易接受

科普期刊的受众有很大一部分是青少年,而故事是一种深受青少年喜爱的文字形式,典型的人物形象塑造、生动的故事讲述、优美的语言,使科普文章增色的同时,更易于让青少年接受相关科普知识。即便是枯燥、难懂的科学知识,通过讲述故事的方式表达出来,青少年也更乐于从中获取知识,并从中受到感染和教育,把学到的知识、理念见诸实践。

(3) 故事让栏目更有生命力

科普期刊栏目设置往往有比较明确的定位,定位精准的栏目常常能邀到更优质的文稿，而有故事的栏目更是赋予栏目以鲜活的生命力。《健康博览》是一本医学科普期刊，20世纪90年代初创刊以来深受读者喜爱。2012年，一封读者来信引起了编辑部的重视，十年前，该读者因杂志上刊登的一个中医食疗方法与《健康博览》结缘。编辑与读者沟通后，决定重开栏目《中医良方》，并将读者的来信刊登在新开栏目当期的"编读往来"上。讲述读者的故事让栏目更有活力，也更贴近读者，与读者建立起更深厚的情感。

（4）故事让期刊更精彩

目前，我国公开发行的期刊有9074种，其中科技期刊4497种，而其中科普期刊有430多种。这些科普期刊基本涵盖了我国基础科学和应用科学的各学科领域。综观各门类学科科普期刊，订阅量大的期刊，如《家庭医生》《科学画报》《中国国家地理》等都是善于利用各种形式讲故事的期刊。科普重在普及，有人比喻科普是"用文学包装起来的科学"，一个科学原理，一项科技研究成果，从哪个角度切入、用怎样的文字呈现在大众的视野里至关重要。讲好故事，能让科普期刊更精彩。

二、用好新媒体这把"双刃剑"

新媒体的出现，也让期刊的出版有了新的平台与手段，期刊人不再为了办刊而办刊，而是追踪读者需求，以期刊内容为基点，生产出多种形式的既不违背办刊"初心"，又适合读者需求的产品。

而对于科普期刊而言，新媒体的出现不仅是挑战，更是契机。如今许多科普期刊都有新媒体平台（公众号、微博）。新媒体平台的"碎片化"科普模式，找准读者胃口，针对当时热议的科学话题，及时刊发解读与评议文章，可以在短时间积累大量关注度，这是纸媒无法做到的（王玉珠，2013）。在2016年底，中国科学家在量子纠缠方面获得了突破性进展，《环球科学》以一篇"人脑产生意识，可能是因为量子纠缠"的文章，将量子纠缠这种晦涩难懂的科学知识，以生动活泼的语言进行解读，在文章刊发之后，短时间文章的点击阅读量就达到了5万。《环球科学》的另外一篇文章"为什么自行车不会倒？这个数学问题在自行车诞生的两百年后才告解决"，同样是以通俗易懂且贴近生活的科普方式，对自行车背后的数学问题进行剖析，该文的阅读量也近5万。由此可见，用对了新媒体这把利剑，其实可以反哺科普期刊。

近年来，国内学者（张波，2016；彭婕，2017；王亚男和俞敏，2017；武瑾媛，2017；谢小军，2017）逐渐关注到新兴媒体对科普期刊发展带来的挑战及机遇，认为传统科普期刊必须充分了解新媒体语境下读者的阅读习惯和阅读需求，变读者为用户，借助新媒体手段拓展新用户，搭建全媒体平台，创新运营模式，采取新的营销方式，在坚持内容为王的前提下重构内容，进行新媒体化的生产与传播，才能走出困境。随着媒体融合和全媒体语境的形成，有些学者开始关注融媒体和全媒体背景下科普期刊的创新发展策略。其中，张波（2019）提出在全媒体生产与传播语境下科普期刊应拓展甚至重构共生体空间。闫伟娜（2017a，2017b）从 SICAS（Sense – Interest & Interactive – Connect & Communicate Action – Share）用户消费行为模式中得到启发，思考符合受众消费模式的科普期刊媒介融合发展之路，并从品牌运营、内容运营、平台运营、支付运营和用户运营五个方面探索科普期刊的全媒体运营模式。季良纲（2018）认为融合发展是科普期刊发展的必然选择，应深化融合内容，创新媒体产品，拓展发展空间。

科普期刊在恪守办刊宗旨的前提下，要以产品化思路做内容，实现作品与产品的互联延展；以教育者眼光做科普，实现科普、文化、教育情怀的融通互动；以全媒体格局做出版，实现期刊、电视、网络以及新媒体平台的创新融合。当纸媒与电视、网络等传媒业态之间开始互动融合，则实现了内容、技术、传播渠道资源的优化配置，提升了品牌、著作权和企业文化的价值，拓宽了发展空间，也推动了媒体行业与科普产业、教育事业的对接。

三、全媒体时代的传媒创意

全媒体时代的传媒创意为我国期刊出版开启了新的方向，出版者应从有形期刊产品、无形信息服务、增值服务产品三条路径来重新规划期刊（图6-1）（李雪等，2015）。其中：有形期刊产品是核心需求和刚性需求，是出版的根本；无形信息服务是体验需求，可增加阅读的黏性；增值服务产品是潜在需求，可获得广泛的增值收益（任健，2012）。在出版经营中，科普期刊应争取三次售卖，并尽可能地扩大第三次售卖的价值。这就要求出版者能够以内容产品为连接点，提供满足专业用户群和专业内容之外的附加需求的增值服务产品，牢牢掌握受众群体，进行盈利模式的构建。增值服务产品可包含以下四种类型。

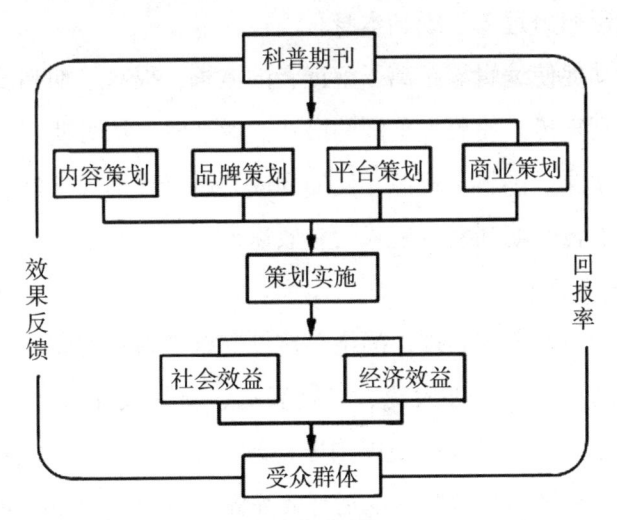

图6-1　科普期刊出版创意收益实现图（据李雪等，2015）

（一）衍生产品

对期刊产业链进行开拓利用，通过后产品获得增值。一般是将现有成功品牌应用到新产品上，迅速获得消费者的识别和接受。例如美国《National Geographic》期刊充分挖掘媒体资源，推出品牌衍生产品，如电子版、图书、应用程序、教育产品、纪录片、地图、图片库、日用品等，从而迅速获得消费者的识别和接受。

（二）服务产品

有效发挥科普期刊的影响力和跨界优势，调动专家资源，提供专业化服务产品，例如专题论证服务产品、专题评价服务产品、市场策划产品、决策咨询产品、客户培训服务产品等，从而赢得社会认可，获取合法利益。

（三）科普活动

以期刊专业特色和品牌优势为出发点，开展科普交流和培训活动。比如联合主管部门、行业协会、赞助方及媒介传播等资源开设论坛，实现增值。论坛可使专业信息由期刊文字变成音频、视频化的语言与图像，其传播影响力远大于纸刊本身。

科普活动促使编辑零距离了解读者的需求，提高了期刊质量；科普活动扩大期刊宣传，使更大范围的潜在读者了解、认可期刊；科普活动为中小学科学课提供教学资源，使期刊成为新课程辅导工具；科普活动成为新形势下转变期刊发行模式的有效途径。

（四）商业活动

研究期刊消费者的心理，围绕兴趣投资点策划各类商业活动，如会员俱乐部活动、商业评选大赛、专题展览、新品发布会、品牌合作活动、个性化体验等。例如《中国国家地理》2013年组织了高端会员首航北极活动，与极地科学家一起远行北冰洋，亲历奇绝的冰河景观。该活动策划别具匠心，彰显了期刊品牌的魅力。

四、知识服务

知识服务是一种认识和组织服务的观念，它以用户问题为导向，追求嵌入用户的决策过程，为用户提供直接的知识产品或解决方案。如果能将知识服务的理念嫁接到科普期刊的办刊过程中，充分发挥科普期刊权威通俗的特点，让科普期刊提供的知识不仅服务于读者的休闲阅读和知识学习，而且服务于读者的日常决策，就可以对科普期刊的转型发展发挥重要的推动作用（柯春晓，2018）。

知识服务是以信息的搜寻、组织、分析和重组为基础，根据用户的问题和环境，融入用户解决问题的过程中，提出能够有效支持知识应用和知识创新的服务（张晓林，2001）。它具有如下特性：第一，用户目标驱动，即"通过我的服务是否解决了您的问题"；第二，增值的知识产品，通过信息的析取和重组来形成符合用户需要的、具有独特价值的知识产品；第三，面向解决方案，致力于帮助用户找到解决方案；第四，贯穿为用户解决问题的全过程（张晓林，2000）。可见，知识服务就是在恰当（制定决策）的时候，把恰当的（决策方案）知识传递给恰当（制定决策）的人，使其做出恰当的（战略或战术）决策，并使恰当的（执行）人科学地（执行决策知识）执行。因此，利用知识服务的理念指导科普期刊办刊，可以让科普期刊更多地关注服务和品牌，有利于将内容做成普通百姓日常决策的知识产品和辅助工具，使其成为必须付费阅读的内容。在这样的前提下，多媒体营销、渠道开拓、品牌建设等策略就会如虎添翼。

赵芳（2011）将科普期刊商业模式的构成要素概括为：价值主张、核心竞争力、目标读者群体、营销渠道、合作伙伴群、成本结构、收入模型。借助这些要素，柯春晓（2018）提出了以知识服务为核心的办刊模式，为科普期刊提供了新的办刊思路（图6-2）。

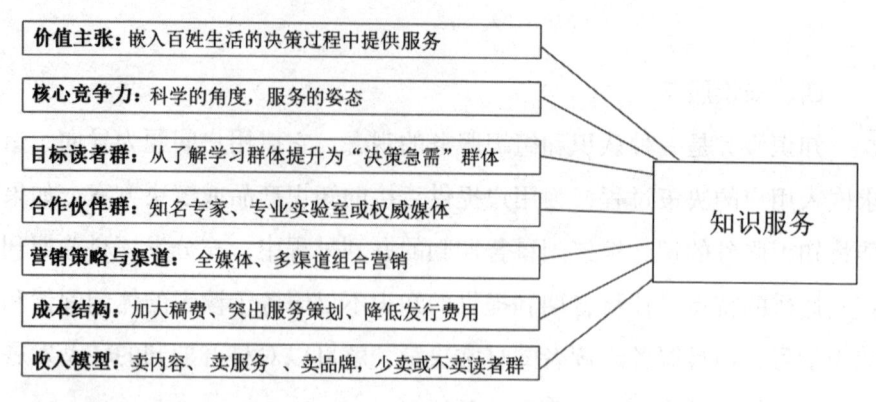

```
价值主张：嵌入百姓生活的决策过程中提供服务
核心竞争力：科学的角度，服务的姿态
目标读者群：从了解学习群体提升为"决策急需"群体         知识服务
合作伙伴群：知名专家、专业实验室或权威媒体
营销策略与渠道：全媒体、多渠道组合营销
成本结构：加大稿费、突出服务策划、降低发行费用
收入模型：卖内容、卖服务、卖品牌，少卖或不卖读者群
```

图6-2　以知识服务为核心的办刊模式框架图（据柯春晓，2018）

该模式的核心是知识服务。它的价值主张是嵌入读者日常决策的过程中提供知识服务，让期刊内容切入生活，解决实际问题。核心竞争力是用科学的方法和视角为读者提供知识服务，彻底放弃高高在上的说教，把读者当成服务的客户。目标读者群也不再局限于普通的学习者，而应该聚焦在"决策急需"群体，为其日常决策提供知识支持。期刊的合作伙伴应该选择知名专家学者、专业实验室、行业学会和权威媒体，因为刊载的内容将为读者的决策提供服务，科学性和权威性是内容的关键（柯春晓，2018）。

营销战略和渠道也无须再拘泥于某种特定的形式，徘徊于数字或纸本之间，为是否上网、是否开发移动版而纠结，它应该根据具体读者群的需求特点，自由组合媒体和渠道；成本投入也应该向服务的策划和设计倾斜，研究读者的决策过程应该成为选题前的必备工作；当然，收入的来源也不再单单依赖于内容和广告，而更多来自服务和品牌，蕴含在内容中的知识服务应该成为读者的必需品，并为之付费（柯春晓，2018）。

五、共生体模式

共生体模式内容主要参考了张波（2019）发表在《中国科技期刊研究》上的文章，其主体内容没改变，仅个别地方有一定的修饰与补充,同时对部分内容有所删节。

共生体模式是指发挥科普期刊之前积累的内容与传播优势,探寻并建设适合其生存的商业生态群,使期刊处于良性互促与网状共生的商业体系之中,进而构建可持续提升的新型运营生态。

(一)科普期刊共生体空间的基本架构

从我国科普期刊发展实际来看,特定期刊的价值创造活动已经从孤立的期刊个体行为转向期刊价值网络空间内主体成员的互促努力。科普期刊共生体空间可区分为典型的内外结构和强弱关系。

1. 内外结构

科普期刊的共生体空间架构可分为内共生体空间和外共生体空间。其中,内共生体空间的运营隶属于传统期刊商业战略范畴,是从期刊自身出发,按照"由己及它"与"由一及多"的发展思路,通过分析市场以及合理配置期刊资源、制定并实践期刊经营规划来赢得市场。而外共生体空间的建设则要求期刊主体在优化自身产品性能的同时,充分挖掘各利益相关方的潜在价值。内、外共生体空间共同构建了科普期刊的共生体生态圈(图6-3)。

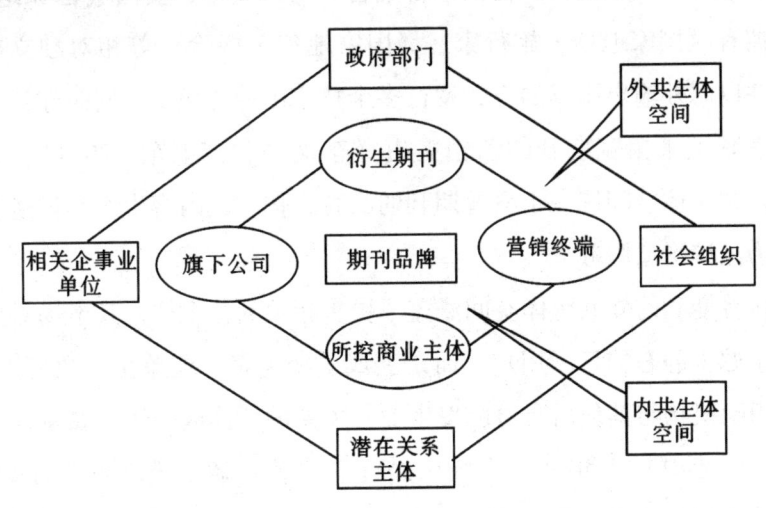

图6-3 科普期刊共生体空间生态圈(据张波,2019)

内共生体空间基于科普期刊内部共生体的业务版块与运营总和，内部共生体来源包括主体期刊裂变的衍生刊物、出版集团（出版社）旗下公司与新媒体营销终端平台、其他由期刊掌控的商业主体等。

内共生体空间中各主体业务呈现出统一和独立相结合的特点，"统一"即品牌和业务重心协调一致，"独立"即各自版块相对独立运营并承担相应风险。以《中国国家地理》为例，《博物》《中华遗产》是中国国家地理杂志社新创办的杂志，它们既依托于整个国家地理刊物的定位和品牌，又自成运营体系。旗下公司方面，《中国国家地理》杂志社成立了北京全景国家地理广告有限公司、北京全景国家地理影视有限公司；新媒体营销终端建设上，中国国家地理网，中国国家地理新浪、腾讯官方微博、微信订阅号"dili360"、中国国家地理移动客户端（包括iPad版本、iPhone版本和安卓版本）、旅游服务类客户端"掌途"等，均是期刊派生的新媒体终端。2008年，《中国国家地理》杂志社正式成立了北京全景国家地理新媒体科技有限公司，统筹运营上述新媒体平台。由此，《中国国家地理》的内共生体空间主要包括两个子空间：一是期刊矩阵，二是发行和营销平台集合。与之类似，美国《国家地理》杂志拥有《国家地理·旅行家》《国家地理·探险》等相对独立的子刊，并以海外输出版权的方式发行多个特定语种的版本，同时建设了国家地理频道来拓宽期刊的营销渠道（李文娟和庞卫东，2014）。总体上，内共生体空间统一于科普期刊的品牌运作，其内容生产和推送营销均要为品牌形象服务。

科普期刊的外共生体空间涵盖了更多相关利益主体，其市场对象也不再是原本静态的订阅用户，而是变成了相关企事业单位、政府部门、社会组织机构与其他所有可能发生业务关系的群体或个体。如科普期刊《科学24小时》近年来便围绕供给优质科普资源、推动科普社会化、服务地方特色经济、助力学校科技活动与介入科普产业等目标，大力推动办刊模式创新，与政府部门、大中小学校、科技培训机构、科技企业、科技院所全面对接。2014年以来，《科学24小时》与《北京科技报》、浙江工业大学、浙江省科普教育基地联盟分别建立了基于传媒营销、教育实践基地建设、旅游项目打造等方面的合作关系；还依托其主办方浙江省科学技术协会开展了较多青少年科技大赛、科普进校园、科技培训教育与科普展会等活动（季良纲，2018）。2016—2017年，配合浙江省委、省政府在经济新常态下建设浙江特色小镇、发展信息经济等规划实践，《科学24小时》杂志社先后编辑出版了专辑特刊《小镇梦想》《信息经济特刊》，前者成为浙江特色小镇工作的及时梳理和呈现成果，后者则立足于浙江省经济建设新目标，邀请专家学者展开解读剖析。基于上述探索，该期刊有效延展了期刊的业务触角，进一步丰富了期刊产品形态，并使之突破科普信息提供者的局限，成为科普资源的整合主体和科普活动的引导者。

科普期刊的外共生体空间建构与特定期刊的细分市场定位、内部价值链架构息息相关。对于前者而言，细分市场定位的背后是期刊核心资源所在，不同期刊的外共生体组织及其需求不尽相同。以国内电子技术领域创刊较早的老牌科普期刊《无线电》为例，尽管该期刊也开展了较多类似于《科学24小时》所进行的、面向青少年的科普教育与会展服务，然而这些活动的目标指向明确，即基于科普产品开发与展示，"培养青少年电子技术兴趣与能力"（房桦，2013）。经过大量此类活动的成功开展，《无线电》已成为链接科普产品设计者与生产企业、科普产品展销方的桥梁之一。在此基础上，该期刊还建立了电子类科普产品自营品牌，并在期刊微信公众号上尝试销售无线电创意产品。

2. 三类关系

科普期刊共生体空间中的利益主体可被分为三类，它们因与特定科普期刊共生关系的密切程度不同而被划分为强共生关系主体、弱共生关系主体和潜在共生关系主体。

强共生关系主体。强共生关系主要指利益主体深度嵌合于特定科普期刊核心业务或与其直接相关，在该主体与科普期刊之间存在已成型的、较密切的利益关系。一方面，科普期刊内共生空间的各类子公司、衍生期刊与该刊之间的关系均属于强共生关系；另一方面，科普期刊的外共生体空间中，一些主体与期刊内容生产、期刊出版发行、广告创收业务息息相关，它们与该期刊也构成了强共生关系。如近年来，《中国国家地理》与路虎、沃尔沃等品牌进行了较多合作策划，带来商业回报的同时也提升了期刊的品牌价值和社会影响力。

弱共生关系主体。弱共生关系指利益主体与期刊业务不存在双向或单向的必需关系，更多时候表现为该利益主体与科普期刊资源临时对接和松散合作的情况。如知名航空类科普期刊《航空知识》与广电媒体近年来开展的人才对接，就是以《航空知识》编辑、记者担任广电媒体航空及军事类节目嘉宾，以专家或评论员身份参与节目。这种合作有时并不是《航空知识》与电视媒体的正式签约合作，甚至也难以归入期刊社的日常业务，但是，因为期刊编辑、记者身上带有《航空知识》的"品牌标签"，所以他们的反复亮相和专业解读，也从特定的方面提升了期刊的影响力和权威性。相似地，德国知名科普期刊《知识奇境》，把自身精品内容转换成电视节目在电视台播出，从而实现了期刊与电视媒体的良性互动和互促传播（吴限和谭文华，2015）。此外，弱共生关系还有一种常见的表现形式，即科普期刊出于自身利益的考虑，会以借势营销、公益合作、短期合作等方式与他者缔结关系，这种关系有时是双方参与建构，有时则出于科普期刊的单向需要。

潜在共生关系主体。潜在共生关系是指利益主体存在与期刊发生利益交互或彼此影响关系的可能，但尚未被发掘利用的情况。

理应得到重视的是，科普期刊共生体空间中的三种共生关系并不是静态不变的。随着期刊运营模式和盈利业务的演变,其共生体空间中的某一弱共生关系可能逐渐变强,最后演变为强共生关系;相应地,原本强共生关系的某个利益主体,可能会随着期刊发展战略的调整变成弱共生关系的一方。同时,科普期刊未来竞争的关键正在于商业模式的竞争,而商业模式的竞争则会敦促期刊以商业生态群的视角审视其价值共生体空间,因此,继续发掘潜在共生关系并打造期刊自身利益矩阵是期刊必不可少的创新方向。科普期刊共生体空间中存在着生态化的个体地位演进与变革,未来赢得更多发展空间的势必是那些能够把控自身共生体、科学可持续地进行空间拓展与革新的期刊。

(二)科普期刊共生体空间拓展与革新

全媒体生产与传播语境下,科普期刊若要赢得未来,就必须进行共生体空间的拓展甚至重构。随着人们占有且可使用媒介的日益广泛,越来越多的人开始"共时使用媒介",大众可能会同时观看电视和平板电脑,也可能会交替阅读期刊的电子版内容和纸质版内容。当下科普期刊的用户可能会随时或者同时出现在微博、微信甚至短视频等任何一个鲜活场景之中。如此情形下,科普期刊的共生体空间拓展实际上已经成为期刊生存的必需之道,它深刻地渗透进期刊的价值链条之中。

1. 共生体空间的价值网络拓展

对于特定领域或者取向的科普内容生产与普及而言,科普期刊的内容优势并未发生改变,需要变更的是其共生体运营生态,这主要体现在两个方面。

(1)拓展营销共生体,走向科普期刊营销新阶段。按照菲利普·科特勒的最新提法即"Marketing Everywhere – Marketing(ME Marketing)",营销驱动应作为一种基础性的战略思维贯彻到企业的各个职能部门(王赛,2017)。对于科普期刊营销而言,互联网营销渠道建设只是必要基础而非营销效果。当下国内大多数科普期刊已建立了微博、微信营销平台，个别期刊还与淘宝、京东、当当等电商平台开展了联合促销。粗略看来，微博营销、微信营销、头条营销、短视频营销等易上手、门槛低，似乎触手可及，然而对照科普期刊的新媒体营销实践，其效果并不理想。王可慧等（2018）对国内36家拥有独立域名网站的期刊进行调研，发现高达56%的期刊不重视官方网站与微博、微信的"一键分享"，且仅有22%的期刊实现了App拓展。总体来看，实际营销能力低下已成为较多科普期刊发展的瓶颈之一。大多数科普期刊公众号的用户关注率不高，如《科学画报》等期刊微信公众号文章的"阅读数"和"点赞数"大多停留在几十甚至个位数，沦为静态展示甚至无效传播。

针对营销瓶颈问题，科普期刊可以采用当下互联网营销模式中常见的IP营销、事件营销、口碑营销、病毒营销、借势营销等方式。以借势营销为例，2017年，《中国国家地理》的专题化微信互动公号"地道风物"便围绕电影《冈仁波齐》、热门歌曲《成都》、热播电视剧《楚乔传》《大军师司马懿之军师联盟》《权力的游戏》等策划推出了多篇文章，这些文章内容的落脚点大多紧贴地理风物故事，但又借助热播影视及相关娱乐新闻的传播力量。从共生体空间视角看，《中国国家地理》的借势营销便是与相应影视剧出品方及发行公司缔结了短暂的弱共生体关系。

营销共生体的拓展还建立在期刊能够提供的服务内容上。如农业科普期刊《农村百事通》在江西省南昌市湾里区罗亭镇建设期刊冠名的农业科技服务与出版产业交叉融合基地，并全面改版期刊官方网站，使其转变为极具成长潜力的农产品展示和电子交易商务平台。再如南方报业集团旗下的《农财宝典》以"《农财宝典》金牌经销商"挂牌的形式加强与地方农业经销商的合作，并创办农业养殖协会，为农业合作社提供技术与信息服务，最终使期刊品牌深入人心（余开等，2017）。

（2）建设互补共生体关系，打造互补型科普产品。2016年2月，国务院办公厅发布了《全民科学素质行动计划纲要实施方案（2016—2020年）》，提出实施青少年科学素质行动、农民科学素质行动、城镇劳动者科学素质行动、领导干部和公务员科学素质行动、科技教育与培训基础工程、社区科普益民工程、科普信息化工程、科普基础设施工程、科普产业助力工程和科普人才建设工程十大措施。上述措施的落地与执行过程中，既依托于有关管理实施部门的参加，又对我国现有的各类科普资源进行有效整合与使用。科普期刊作为科普行为的重要执行者和科普信息资源的重要持有者，理应在这一过程中发挥更大的能动作用。

科普期刊的商业模式和运营思路应当以我国经济新常态与社会新形势对科普工作的新要求为具体导向，嵌合进国家的现代公民科学素质培育、科学基础设施建设、科学产品开发普及等工作中。在此理念下，科普期刊应与大中小学校、科技场馆、科学教育基地联合开发更多科普活动，探索科普教育的校内外联动模式，为不同地域、不同年龄段的青少年打造特色化科普产品；与各类学校和科研院校合作，联合开发科普教材，开拓盘活科普期刊人力资源的科普培训工作，帮助优化教师队伍科学素质；与农村综合服务站、农村文化服务中心、农村各类专业技术协会加强合作，寻求期刊与特色农业、创意农业、智慧农业的对接点，推动农村科普平台建设，使自身成为农村科普的重要一环；与相关企业、技工职业学校合作，以期刊科普内容推进城镇专业技术人员的科普教育和技术交流；与政府部门积极对接，开展针对公务员队伍的科普活动；与基层社区展开合作，面向社区居民开展可活学活用的科技教育；与网络视听媒体、电视台、广播电台合作，联合制作跨媒体传播的科普节目，扩大期刊影响力并丰富期刊媒介产品形态；与有意向建设科普基地的各类企事业单位合作，采用期刊入驻、人才对接、内容输送等方式，为他者附加科普功能和科普价值；依托现有科普、科研机构，联合开发应用型科普产品，参与孵化自身影响力辐射范围内的科创项目。

基于上述合作的开展，科普期刊能与更多企事业单位、社会组织缔结互补型的共生体关系，实现科普资源与他者的有效接洽。实际执行过程中，科普期刊应以建设长期有效的互补共生关系为目标，以拓展期刊价值网络体系为目的，立足自身长处和特色资源，选择适合进入的领域并积极尝试。

2. 共生体空间革新

（1）建立期刊共生体数据库。科普期刊可按强共生关系、弱共生关系和潜在共生关系对期刊相关利益共生主体进行分类，通过分析期刊与该共生体的业务关系、利益牵涉来梳理相关数据，进而汇总数据，形成科普期刊共生体大数据库。三类共生体在特定科普期刊的共生体空间中的地位和职司不同，科普期刊应区别对待。对于强共生体关系的组织和企业，期刊应强化现有合作，寻求提升双方合作价值的途径；对于弱共生关系的主体，期刊应及时总结、梳理已有合作，厘清究竟是在哪个节点上与该企业、该组织发生了双赢或者单边的合作；对于潜在共生关系部分，首先应从期刊业务发展需要和用户需求出发，寻觅存在潜在共生关系的对象，进而通过对双方共生节点与共生业务的策划来实现由潜在共生关系向弱共生关系甚至强共生关系的转换。科普期刊共生体数据应当成为期刊价值拓展、业务创新的重要记录，能够帮助期刊审视自身业态规划与业务开展。数据库建设应当凸显效果思维，对单个共生体关系进行效益评估，呈现其在期刊营销或者品牌推广方面的功能与价值。在对比评估共生体绩效产出的基础上，科普期刊再进一步思考是否需要与利益相关主体合作以及做业务活动调整。对于经营不善或难以为继的科普期刊，则应伴随期刊经营战略的调整，尝试重构其共生体空间。

（2）重视发掘潜在共生关系。科普期刊共生体空间中的利益主体不是一成不变的，其构成受到几个因素的影响。一是科普期刊业务与业态变化的影响。如农业科普期刊《农村新技术》便将承担科普研究项目作为一项引领期刊业务创新、整合期刊资源的重要工作。2012年以来，《农村新技术》承担了"广西科技文献共享与服务平台技术培训及应用示范""'美丽广西·清洁乡村'科普传播模式创新与应用研究""新媒体视野下科普传播模式研究"等一系列来自广西壮族自治区科技厅等政府部门及企业单位的科研项目（黄晓，2017）。通过上述科研项目，该期刊革新了自身的内容生产与新媒体营销业务，打造了《美丽乡村》《乡村音画》等品牌栏目，将科研主题作为新媒体终端主打内容并分批呈现。同时，依托项目委托方的支持，举办了"中小企业创新基金申报培训班"等活动，使其成为中小企业科研的培训者和引领者。二是科普期刊对弱共生主体的重视和潜在共生主体的发掘。弱共生关系具有松散性、短时期合作性的特点。科普期刊可以通过捕捉与其他利益主体合作的机会建立更多弱共生关系。如在各省市科协不定期开展的各类科普信息化与科普资源开发活动，科普期刊应当积极参与其中，致力于扮演能发挥重要推动作用的角色，以自身提供的科普体验和服务来优化期刊品牌传播。

与之相伴，潜在共生关系的发掘需要更多创新意识和更敏锐的辨别力。2016年，《航空知识》推出"飞机连连看"（后更名"空天连战"）"你适合开哪架飞机"手游，之后又在微信端推出"360度逛航展""欢乐拼图"等游戏，并将"航空游戏"作为微信公众号长期可选菜单选项之一。上述游戏尽管相对简单、粗糙，但仍受到订阅用户欢迎，上线几天参与人次便超过5万（俞敏和刘德生，2017）。2018年8月28日《航空知识》微信公众号上的数据显示，几款游戏均有2800余人的同时在线规模。因此，科普期刊也可与游戏公司、协会、粉丝群体发掘、建立更多互动合作机会，特色化的科普期刊均可配套相应的移动端游戏，并结合游戏积分兑换礼品、优胜者参与期刊活动等形式配合期刊营销。此外，科普期刊应重视资本运作与整合，在自身运营态势较好的前提下，尝试以投资和参股等形式拓展期刊商业架构，营造共生业态。

基于共生体空间视野对科普期刊价值网络进行拓展和革新，应当跳出原来固有的自我审视局限，将期刊放置到大的经济新常态、社会新形势、传媒新语境下，及时归纳期刊已有的共生体拓展经验，建设并发掘那些弱小或者尚未成型的共生体关系。这种共生发展战略与时下科普期刊正在推进的全媒体战略高度契合，其最终目的是为了占领更大的市场，将科普期刊的读者群转化并扩容为用户群、服务单位与组织群。科普期刊应积极寻找与地方企业、高校乃至农村新业态的业务对接方式，拓展期刊价值网络体系，真正从科普内容的生产者变为科技资源与服务的提供者，进而将自身发展与国家智慧城市建设、乡村振兴规划、大数据战略等宏观规划契合，优化期刊产业架构与运营生态。

新媒体的种类很多，但目前以网络新媒体、移动新媒体、数字新媒体等为主。融合的宽带信息网络，是各种新媒体形态依托的共性基础。终端移动性，是新媒体发展的重要趋势。数字技术是各类新媒体产生和发展的原动力（韩霜，2015）。

六、他山之石

盛杰等（2016）发表文章"创新思维助力科普期刊的策划与营销：以《我是歌手》的成功为鉴"，从找准市场定位点，加强采编队伍建设、形成期刊核心竞争力，利用新媒体助力期刊发展，建设精品期刊、提高测评价值四个方面，详细描述了借鉴《我是歌手》的几套思路。

（一）找准市场定位点

《我是歌手》首先强调了节目的市场定位，同为文化产品，找准市场定位恰是办好科普期刊的第一步。期刊社必须要对目标市场了如指掌，首先应对同类期刊的详细情况进行系统调研，明确读者的需求，了解同类期刊的饱和度、市场占有率、广告分布投放率等情况，然后挖掘出有市场潜力的题材，为办刊方案的制定提供坚实的保障。而目前，很多期刊缺乏透彻的市场分析，存在盲目跟风办刊的情况。以健康类期刊为例，随着老百姓对健康的关注热度逐渐上升，医药卫生系列杂志出现扎堆办刊的现象，仅综合类期刊就有《健康之友》《医药与保健》《家庭医生报》《家庭医学》《健康天地》《大众医学》等几十种，报道题材同质化严重，定位不明确，导致读者无法根据需要选择自己的兴趣点，期刊的对口程度较低。相反，通过细化市场、精准定位往往能得到更理想的市场份额。典型的健康类杂志《食品与健康》瞄准的是热爱生活、关注健康、喜爱美食的人以及不注重饮食和挑食的人群，将饮食和人类健康结合起来，期刊设有"食物志""食疗药膳""隆顺榕养生""饮食科学""声色饕餮"等特色版块，读者甚至还能从"八方食单"和"私房煮意"等栏目中找到精辟实用的家常菜谱。此外，还通过医学专家"健康面对面"，为读者的健康问题答疑解惑，让期刊成为"吃货"们的"私人医生"。《食品与健康》不仅兼顾到了现代人迫切获得健康养生知识的诉求，还将美食、健康、食品安全等热点问题作为特色内容，使得期刊在众多的大众健康类期刊中脱颖而出，取得了巨大的成功。由此可见，通过市场分析后了解大众实际需求，精确定位，才能抓住受众的心，得到读者们的拥护，这是值得每一本科普期刊主办者借鉴的。

（二）加强采编队伍建设，形成期刊核心竞争力

《我是歌手》的成功离不开稳定、专业的运作团队，而优秀的科普期刊同样需要高水平的编辑部。首先要选择好主帅——主编，不仅要求其具备编辑学的专业素养，还要有成熟、科学的管理水准和较高的人格魅力，一个具有凝聚力、众志成城的团队是出色完成工作的基本前提。

充分发挥主编的主观能动性，委以合适的职权和待遇，使其做到权责平衡。在编辑的选择上，首先要求其具有吃苦耐劳的精神，一个优秀的文化产品离不开执行者无怨无悔的付出，这点在《我是歌手》节目的成功上已经充分体现出来；其次要求编辑人员具备相关的专业知识，这样在策划选题和编辑文章时才能游刃有余；再次，编辑需要常常和供稿者交流，因此敏捷的思维和成熟的交际能力也是必备的。国内最为出色的科普期刊之一《中国国家地理》的总编李栓科认为，期刊的经营永远强调"内容第一"，而出彩的内容就是靠编辑人员的专业采编，因此他始终坚持为《中国国家地理》造就一支"学者+作家+科学家+哲学家"的采编队伍，鼓励大家终身学习，为建设一个强大的编辑部做好人才储备。在这样的指导思想下，杂志社始终把最好的资源分配给编辑部，并给予他们最优越的条件、最优厚的待遇和最先进的设备，换来的是高质量的专业采编内容的回报。因此，广大科普期刊编辑部一定要将人才战略提升到新的高度，将人才储备作为期刊社的核心竞争力。

（三）利用新媒体资源助力期刊发展

随着新媒体时代的到来，很多科普期刊已经开始意识到新媒体的重要性，如何利用新媒体工具拓展业务已经是摆在诸多期刊社面前的难题。目前关于利用新媒体工具辅助期刊运作的研究工作已有不少（李建军，2011；盛杰等，2012；盛杰和陈燕，2013），开展新媒体办刊的期刊也日益增多，但真正能将新媒体工具效益最大化的却屈指可数。从《我是歌手》传播媒介来看，在节目的宣传方面，它充分地利用了新媒体各类工具的优势，通过微博、微信、互联网、平媒等宣传造势，使节目未开播已声名大噪；节目播出中又充分调动观众的参与性，不断进行微博、微信交流；节目播出后又在各大媒体大肆报道节目的播出效果、幕后故事等，使得参与的观众持续关注节目动态，而未参与的观众又由于好奇心的驱使，追加对节目的关注。科普期刊能否不辱使命，关键在于要"让科学变得流行起来",引燃大众对科学的兴趣。2014年2月份,美国《星条旗报》的报道中称,美国近期将在部分军舰上部署投入实战用的激光武器,据称该武器将成为"航母杀手"。于是在国内一档著名军事节目中,某军事专家针对该事件称"雾霾就是对付激光武器很好的一个防御,激光武器最怕的就是雾霾"。这一言论遭到了国内网友的强烈吐槽,而且在很短的时间内,该报道成了各大网站的头条。这实际上就是一个值得科普期刊借机策划炒作的好命题。期刊应发挥其科学导向的作用,参与到网络的讨论中来,针对该命题,通过官方微博发布征稿信息,或者由微信公众平台向关注者推送相关图文、视频等媒体资源,从专业的角度来解释激光武器的工作原理,也可以从科普的角度来讨论激光武器是否真的会对中国造成威胁,这很好地迎合了市场的需求,不仅让大众真正理解了激光武器和雾霾的相关联系,同时也扩大了期刊的知名度。另一方面,新媒体资源为期刊的运营增加了新的盈利点。通过移动互联网资源,更加方便了编者和读者的交流与对话,使编者切实了解读者的需求,读者通过网络直接进行期刊征订,网站的点击率和微信号的关注也为广告盈利提供了更大的可能性。除了日常的编读交流,一些期刊还利用网络衍生出了诸多的附属产品,如《中国国家地理》就开通了杂志社自己的网络商城,提供驴友们必要的出行服务,利用网络来聚拢人气,形成新的盈利空间。在微信营销日益成熟的今天,科普期刊理应顺应形势,结合期刊特色,创造更为成熟的附属产品,扩充文化产品形式,多条腿走路,实现效益最大化。

(四)建设精品期刊,提高品牌价值

科普期刊的品牌价值是其无形的资产。《财富》期刊之所以能网罗500强企业,预测国家、地区乃至全球经济走向,其巨大的影响力正是来源于其品牌价值。而对于科普期刊,树立品牌的第一步仍然是要制作出高质量的期刊内容,将热点科学问题演绎成广大百姓易于接受的、与生活密切相关的内容。将科学性和趣味性、知识性和艺术性有机融合在一起，同时，在表达手法、版式设计、外观制作、装帧形式等多个方面有所突破，实现精品化办刊，牢牢吸引读者眼球，这是树立品牌的前提条件。其次，在品牌的维护方面，科普期刊也要与时俱进，利用现有发达的新媒体网络扩大宣传面，提高期刊在一些行业交流会、产品发布会等公共场合的出镜率，同时可以邀请行业专家与期刊一起举办民间信息咨询会，为大众提供免费的信息咨询服务和技术服务等，扩大期刊的社会知名度。在巩固了期刊品牌知名度后，可以适当对品牌进行延伸，通过横向发展系列服务性产品，如科技服务部、健康中心、旅游集团、法律援助中心等，这不仅为期刊的创收建立了更多的渠道，而且可以为品牌价值的延伸锦上添花。

第2节 科普创作是科技工作者应尽的义务

科普期刊的市场意识是一个系列的体现：在期刊的选题上要符合市场的需求也就是读者需求；在期刊的推广发行上，要做市场调研，了解采取什么促销手段能让有阅读欲望的读者买单；在期刊的广告策划上，要结合市场，争取更多的用户；在期刊社的内部管理上，要考虑如何能降低管理和运营成本，调动员工积极性发挥其最大价值，等等。所有这些都需要科普期刊把自己定位在要积极参与市场竞争的商品位置上（刘泽林，2005）。

早在2006年1月，胡锦涛总书记在全国科学技术大会讲话中就指出："坚持以人为本，让科技发展成果惠及全体人民。"如果老百姓不了解科技发展的最新趋势及其将对社会和个人产生的影响，不了解一些最新的科技产品，也就无法全面享受科技创新带来的实惠。因此，提高全体人民的科技素质，是使科技成果更好地惠及全体人民，使人民更好地参与到国家科技创新活动中来的必要条件。如何提高人民群众的科技素质？显然，科普期刊担当着不可推脱的历史责任！科普期刊竞争的核心是内容，而提供内容的作者成为高质量内容的源头。

搞好科普工作的前提是要有大量的优秀科普创作者。科普创作者可以分为专业作者和业余作者两部分。专业作者是指写作上、专业上已有一定成就的科学家、文学家、科普作家、翻译家等，这部分作者是科普创作的支柱，他们在社会上有一定的威望，对自己所从事的专业领域造诣颇深，其作品的质量较高，也较成熟。而且，他们的作品知名度高，在社会上已得到广泛认可，能够得到很好的科普宣传效果。然而，无论是国内还是国外，专业的科普创作者都是有限的，并且他们也不可能深入到每个学科的科技前沿，更不可能对科学问题研究得面面俱到，因而就需要深入到科技一线和从事科普创作的业余作者群中去。

国外的许多科学家，都十分愿意在科研之余从事科普创作，因而他们大多数人都有科普工作经历。对他们来说，撰写科普文章尽管是业余爱好，但也同样是引以为自豪的事情。英国皇家学会每年都评选和颁发法拉第奖，以表彰在科普方面有突出贡献的科学家。被誉为"历史上最成功的科普大师"的美国著名科学家、科普作家卡尔·萨根说："科学普及，于我就像呼吸一样自然。"历史上许多科学家都很重视科普宣传，他们的科普作品，和他们的科学发现一样，对人类弥足珍贵。

竺可桢认为，科学研究的提高与普及是相辅相成的，越是高级科研人员，越应带头进行科普宣传。一个科学家从事科普工作的成绩，应该计入他对科学事业的贡献内。在半个多世纪的科学生涯中，竺可桢坚持进行科普工作，撰写科普文章，成为科学家参与科普工作的典范（夏文华，2014）。

但在中国，目前的科普创作者队伍情况并不乐观，科学普及出版社的编审吕秀齐用数字来说明了科普创作队伍后继无人:"根据我们对科普作品较为丰富的78名科普作家统计,其中60岁以下的只有9人,只占总数11.5%。尤其是在生物和医学领域,年轻科普作家更是寥寥无几。"科普创作队伍的青黄不接,势必造成科普作品的质量不理想,原创作品少,高质量稿件少。要想提高科普创作水平,首先要扩大科普创作者的队伍,队伍扩大了,数量增长了,必然会带来科普创作质量的提高。

科普创作者从何处而来?当然是从我国科技工作者队伍中来!当问及壮大我国科学创作队伍发展的主要群体时,有高达86%的被调查者认为科研工作者是应当发展的主要群体(詹正茂和舒志彪,2008)。2007年,我国的科学技术工作者大约有5160万人(数字来源于《第二次全国科技工作者状况调查报告》),可以说队伍相当庞大,如果其中能有10%的人员把科普创作当成自己的义务,那么中国的科普创作队伍就会是一个实力强大的团队。但现状是这些专业人士对科普创作往往并不熟悉,没有科普写作的经验;有创作能力的科学家从事科普创作,又受时间、精力等各方面的影响,创作的科普作品有限。要求科学家积极投身科普活动也是《全民科学素质行动计划纲要》的要求,更是建设创新型国家的大势所趋(詹正茂和舒志彪,2008)。

作者不愿从事科普创作的原因何在?主要是科技工作者思想上不够重视,国家的政策也有些偏颇,这些都影响到了科普作品的创作。造成这一现象的原因很简单,同样是一个具有一定能力的人,如果把时间和精力花在科研及其论文撰写上,那么加薪、晋职易如反掌,从而就能名利双收;但如果把时间和精力用在科普创作上,尽管付出了同样艰辛的劳动,但结果往往是不但其作品对晋职、评奖没有多少用处,而且还会被人看作小儿科,不屑一顾。因此,造成了人们对科普创造缺乏原动力,大多数科学家乃至一般的科技工作者都不愿意从事科普创作。

抓好科普作者队伍建设的最关键问题是，采取措施调动科技工作者科普创作的积极性。一是有关部门需制定必要的激励政策，将科普作品作为评职、晋级及业绩考核的依据；二是设立相应的奖项，使科普创作奖等同于科技创新奖；三是适当培训有热情、有能力、愿意从事科普创作的科技工作者，让他们的自觉行为成为有序行为；四是提倡奉献精神，倡议科技工作者把科普创作当作自己的义务。

当然，我们不能强迫科技工作者从事科普创作，因为，科普作品需要作者有热情、有能力将枯燥难懂、乏味无趣的科学知识通过形象生动、活泼有趣的语言娓娓道来，也就是"会写、能写、愿意写"。毫不夸张地说，一篇好的科普作品其创作难度绝对不亚于一篇内容接近的学术论文，因为它不仅要求作者有广博的知识面，还要求他具备深厚的文字功底。这就要求从事科普作品的创作人员"活到老，学到老"，不断完善自己的知识结构，保持一颗永远"好奇"的心，不断创新，超越自己。

对于一般科技工作者，如何从事科普创作？"世事洞明皆学问"，生活中处处都有科学，因此，如果科普创作者能寓科学于生活当中，将自己所熟悉的科学知识与人们生活中耳闻目睹、密切相关的现象或问题结合起来，其创作就会易于为人们所关注、了解、掌握，收到事半功倍的效果，并能够激发人们的兴趣（萧江，2003），达到科学普及的目的。

科学技术突飞猛进，人民群众的科学水平普遍得到了提高，科普创作也应该向尖端技术领域挺进，不能再局限于过去时代的"小儿科"，这对提高全民科学文化素质是完全必要的。问题是，科普应让读者从中获得切身的实惠，应把"切实可用"放在第一位，不能把科普搞成空中楼阁、海市蜃楼（王忠军，2006），只有这样，科技工作者才能做好科普创作，才能真正尽到科普教育的义务。

如果中国的科技工作者把写科普文章看作是自己应尽的义务，中国的科普事业也就会红火起来，中国人的科学素质也就会有明显的提高。

中国科普工作需要涅槃重生，因此应少一点片面，多一点深度；少一点呆板，多一点活泼；少一点浮夸，多一点担当。科学普及工作关乎现在，更关乎未来，因此要从投入上为之增加能量，从健全机制上使之健康成长，从人才培养上为之注入新鲜血液。只有这样，才能让科普成为科技繁荣的鲜明底色，才能让创新驱动的双翅振动高飞。

参考文献

[1] 顾涛. 21世纪期刊出版探讨 [J]. 编辑学报, 2001, 13 (1): 29-30.

[2] 季慧. 有"人"的科普：生命化教育理念观照下青少年科普期刊教育功能思考 [J]. 江苏大学学报（社会科学版）, 2017, 19 (2): 82.

[3] 季慧. "定""拓""融""通"：青少年科普期刊生命力的提升策略：以《未来科学家》全媒体出版探索为例 [J]. 编辑学报, 2017, 29 (6): 586-589.

[4] 季良纲. 融媒体背景下科普期刊的发展思考：以《科学24小时》杂志探索实践为例 [J]. 科普研究, 2018, 13 (1): 64-70, 107-108.

[5] 柯春晓. 基于知识服务的科普期刊办刊模式研究 [J]. 出版科学, 2018, 26 (1): 66-70.

[6] 李海, 刘光裕. 现代编辑学 [M]. 济南：山东教育出版社, 1996: 414.

[7] 李建军. 学术期刊手机短信约稿的特点与路径选择 [J]. 编辑之友, 2011, (4): 77-79.

[8] 刘明华. 科普期刊的发展探索 [J]. 记者摇篮, 2008, (12): 49-50.

[9] 刘泽林. 2005. 新形势下科普期刊的发展探索. (2005-11-14) http://www.cast.org.cn/n35081/n35668/n35728/n36479/10195280_3.html.

[10] 彭婕. 新媒体时代科普期刊发展方向的几点思考 [J]. 编辑出版, 2017, (总52): 42-44.

[11] 丘彩霞, 王甲东. 信息时代编辑如何提高获取信息的能力 [J]. 编辑学报, 2001, 13 (5): 287-289

[12] 任健. 从"三次售卖"到信息服务多业态平台化集成提供: 对期刊商业模式创新中支撑因素的探析 [J]. 新闻大学, 2012, (1): 62.

[13] 盛杰, 罗晓庆, 赵鸥, 徐红星, 徐丹, 马双双. 新媒体约稿方式的价值探讨 [J]. 编辑学报, 2012, 24 (5): 580-582.

[14] 盛杰, 陈燕. 微博在辅助科技期刊审稿中的应用 [J]. 中国科技期刊研究, 2013, 24 (4): 729-731.

[15] 盛杰, 崔金贵, 赵俊杰. 创新思维助力科普期刊的策划与营销: 以《我是歌手》的成功为鉴 [J]. 中国科技期刊研究, 2016, 27 (10): 1113-1119.

[16] 王可慧, 刘筱敏, 张晓丹, 等. 国内外科普期刊网站资源及功能建设调研分析 [J]. 中国科技期刊研究, 2018, 29 (4): 374-380.

[17] 王赛. 营销4.0: 从传统到数字, 营销的"变"与"不变": "现代营销学之父"菲利普·科特勒专访 [J]. 清华管理评论, 2017, (3): 60-64.

[18] 王亚男, 俞敏. 新媒体环境中科普期刊的内容重构 [J]. 编

辑学报, 2017, 29 (2): 103-107.

[19] 王忠军. 科普期刊采编需随"心"所欲 [J]. 今媒体, 2006, (5): 44-45.

[20] 魏晓莉. 论全媒体时代传统媒体与新媒体的深度融合 [J]. 新闻爱好者, 2016, (10): 33.

[21] 魏炜, 胡勇, 陈伟剑. 发现和打造企业竞争的三度空间: 一个多案例研究 [J]. 管理评论, 2016, 28 (1): 229-240.

[22] 吴限, 谭文华. 德国科普期刊综览与评析 [J]. 科普研究, 2015, (3): 68-74.

[23] 武瑾媛, 俞敏, 袁睿. 科普期刊新媒体融合发展的机遇与实践 [J]. 编辑学报, 2017, 29 (3): 214-217.

[24] 向淑君. 科普期刊发展的多维视野 [J]. 中国出版, 2008, (4): 40-43.

[25] 萧江. 论科普期刊普及性之实现 [J]. 编辑学报, 2003, 15 (5): 324-325.

[26] 肖昕宇. 科技期刊微信公众号定位与编发技巧探讨 [J]. 科技传播, 2015, 7 (6): 123-125.

[27] 新闻出版总署教育培训中心. 期刊出版工作法律法规选编 [M]. 北京: 中国大百科全书出版社, 2008: 586-587.

[28] 谢小军. 新媒体时代科普期刊的创新发展探索 [J]. 科技传播, 2017, 9 (2): 75-76, 79.

[29] 肖宏. 英国科技期刊编辑与出版掠影 [J]. 中国科技期刊研究, 2000, 11 (6): 419 420.

[30] 徐柏容. 期刊编辑学概论 [M]. 沈阳: 辽宁教育出版社, 1995: 7-8.

[31] 闫伟娜. SICAS 模式与科普期刊全媒体运营 [J]. 出版发行

研究，2017a，(5)：63-66.

[32] 闫伟娜. 数字时代科普期刊全媒体运营的 BCPPU 模式 [J]. 中国科技期刊研究，2017b，28 (8)：721-727.

[33] 闫伟娜. 全媒体视域下科普期刊用户类别化运营机制探索 [J]. 中国科技期刊研究，2018，29 (7)：745-751.

[34] 余开，赵永锋，刘柱军. 论培育新型农业经营主体背景下农业科普期刊的发展策略 [J]. 编辑学报，2017，29 (2)：186-188.

[35] 俞敏. 科普期刊内容产品化和全品牌运营的转型发展 [J]. 中国科技期刊研究，2018，29 (6)：633-638.

[36] 俞敏，刘德生. 科普期刊全媒体融合发展典型案例解析 [J]. 现代出版，2017，(1)：49-52.

[37] 袁玮，等. 天津市公民科学素质跟踪评价及科普工作统计的研究 [R]. 2013.

[38] 詹正茂，舒志彪. 中国科学传播报告 [M]. 北京：社会科学文献出版社，2008：223，263，270.

[39] 张波. 科普期刊创新发展的三重转向 [J]. 中国科技期刊研究，2016，27 (1)：43-47.

[40] 张波. 基于共生体空间的科普期刊新型运营生态构建 [J]. 中国科技期刊研究，2019，30 (3)：211-216.

[41] 张晓林. 走向知识服务 [M]. 成都：四川大学出版社，2001：110-112.

[42] 张晓林. 走向知识服务：寻找新世纪图书情报工作的生长点 [J]. 中国图书馆学报，2000 (5)：33-34.

[43] 赵芳. 我国科普期刊出版商业模式创新 [D]. 西安：陕西师范大学，2011：11-12.

[44] 赵乾海. 中国科普期刊何日能创辉煌？ [J]. 科学时报，

2002：10-25.

[45] 赵湘. 论科普期刊编辑的故事化加工策略 [J]. 新闻研究导刊, 2017, 8 (8下)：254.

[46] 赵湘. 论科普期刊的时尚表达 [J]. 中国科技期刊研究, 2014, 25 (5)：628-631.

[47] 赵鑫, 刘娜英. 智媒时代科普期刊的用户需求、创新路径和应对措施 [J]. 中国科技期刊研究, 2019, 30 (7)：699-706.

[48] 支庭荣. 媒介管理 [M]. 广州：暨南大学出版社, 2000：101.

[49] 中国社会科学院语言研究所词典编辑室编. 现代汉语词典（修订本）[M]. 北京：商务印书馆, 1996：711.

[50] 中国科学技术协会主编. 中国科协科技期刊发展报告（2009）[M]. 北京：中国科学技术出版社, 2009：1.

附录　主要科普期刊介绍

本次研究用于统计基础资料的科普期刊有353种，限于篇幅没有办法将其完全介绍一遍，只能从中选择一些作者认为有代表性的期刊，进行适当介绍。所选择的期刊基本是各类期刊中相对声誉与办刊质量较好的那部分，以起到一个收集与整理资料的作用，也可以供大家选择期刊时参考，希望能够对读者有所帮助。

除了前文分析的5本典型期刊实例，这里选择了40种期刊，按照期刊名字的拼音顺序排列，分别介绍其创刊时间、刊期、主办单位、办刊宗旨等内容，但根据收集资料的情况，期刊介绍的内容不尽相同，有些详细有些粗略。同时，选择一期可以作为代表的封面，展示于此，供大家欣赏。

一、《奥秘》

1. 创刊时间：1980
2. 刊　　期：月刊
3. 主办单位：奥秘画报社，主管单位为云南省科学技术学会
4. 办刊宗旨

荟萃全球科普事件之精华，拓展我们关注神秘事件的视野，为都市

各个年龄层的读者提供最具影响力和看点的灵异事件资讯。涵盖天文、地理、生物、人文、神秘事件、考古、旅游、历史、生活、坊间传闻等诸多领域。力求把最新颖、最前沿、最动人的故事奉献给广大读者，为平凡生活折射出丰富的哲理。激励读者认识世界，创造更加充实、美好、有价值的人生。生动活泼地反映多彩世界，用精准、精彩、精炼的图文语言，带领读者纵览离奇话题背后的科学故事。以奉献最精美、最科学、最先进的文化食粮为己任，让您拥有身临其境的体验。引领都市生活的放松方式，提供即学即用的"奥秘学校"，影响读者的审美取向，改变读者的生活方式。

5. 主要栏目

世界之谜、自然之谜、科普园地、探索者、长城长、天南地北、奇异现象传真、失落的文明、奇闻录、金苹果、走近生命、共同家园、探险之旅、奥秘学校、两性密码、趣味趣画等。

6. 重点栏目介绍

"奥秘学校"栏目。奥秘学校是读者与期刊互动的空间，时尚与实用、科学与智慧的完美融合。打造全方位的读者联盟，提供改善生命质量的交流。推介最新资讯，提供美丽方法，设计个性生活，引入最鲜活的流行文化及新兴生活态度。鼓励大家追求梦想，畅所欲言。

"金苹果"栏目。简单生活中最有趣的消遣方式，多样化的头脑风暴，比比看谁才是最聪明的那个人。这是大人和孩子一起娱乐的平台，发出你们自己的声音。填字游戏倡导大小朋友们多尝试新鲜事物，多拓展知识面，发挥想象力，多些选择就是多样生活，开拓你的空间和视野。

"两性密码"栏目。用科学的解释营造生命、展现哲思、阐述人生、透析生活；用积极健康的思想理念，关注现实，贴近当今人们的内心世界；为读者补充生活经历，延展精神边界，打造最真实、最贴心的心灵读本。

"科学视窗"栏目。展示自然，昭示人文，突破了以往科普杂志居高临下的格调，摒弃了低俗文化的噱头，深受各年龄读者的喜爱。

二、《百科知识》

1. 创刊时间：1978 年
2. 刊　　期：半月刊
3. 主办单位：中国大百科全书出版社
4. 办刊宗旨

《百科知识》是一本面向中等以上文化程度读者、文理合编的科普期刊。它主要介绍自然科学、社会科学、文学艺术等学科的最新进展和成果，重大社会问题和热点话题的背景知识，以及人们为提高文化素养所需的基本知识。

5. 主要栏目

百科聚焦、科学前沿、科学之谜、身边的科学、国际纵横、动物之美、地理风物及史话新说，等等。

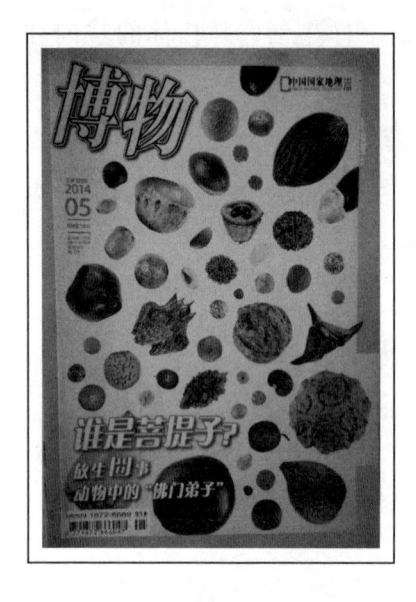

三、《博物》

1. 创刊时间：2004 年

2. 刊　　期：月刊

3. 主办单位：中国科学院地理科学与资源研究所

4. 办刊宗旨

博学成就梦想，知识改变人生。

5. 主要栏目

你说我说、博物新闻眼、博物视野、草木庄园、自然探奇、我的博物之旅、读心术、你问我答、自然摄影、奇观等。

四、《大科技》

1. 创刊时间：1997 年

2. 刊　　期：月刊

3. 主办单位：海南省科学技术信息研究所

4. 办刊宗旨

《大科技》是一份大型综合性科普月刊，它融合新奇知识和丰富想象力为一体，探索未知，开启未来，启发广大青少年打破旧的思维模式，培养他们的创新精神和科学探险精神，以造就一代具有非凡创造力的青少年。《大科技》是奉献给有理想、有抱负

的青少年的一本读物，是培养和造就新世纪科学巨人的摇篮。

5. 主要栏目

本期视点——科学领域中最新热点、重点问题；

宇宙探索——宇宙奥秘、外星生命、UFO；

自然谜踪——探索大自然奥秘和神秘现象；

生命奇观——生命科学的奇异现象和奇特观点；

人物经纬——世界顶级科学家的人生传奇和科学思想；

科技前沿——最新科技理论与成果的实践和应用；

电脑世界——计算机、信息和网络对社会的影响；

军事天地——最新军事理论和未来武器发展展望；

科幻时空——匪夷所思、曲折惊险的科幻小说连载。

五、《大众医学》

1. 创刊时间：1948 年

2. 刊　　期：半月刊

3. 主办单位：上海科学技术出版社

4. 办刊宗旨

医学服务大众。

丰富多彩的栏目和内容，不但帮助人们及早发现一些疑难疾病的前期预兆，而且提供给人们合理的卫生保健常识，其内容生动浅显，贴近大众，可操作性强，是极受欢迎的医疗杂志。杂志内容主要有：家庭健康保健知识、一般医学知识、医学各领域进展。

5. 主要栏目

特别关注、专家门诊、生活保健、饮食营养、心理·两性、家庭药箱、健康热线、大众话题。

6. 主要办刊历程

《大众医学》是我国办刊历史最悠久的医学科普杂志。《大众医学》累计印数超过1.5亿册，海外发行约40万册，阅读人次达数十亿，对我国几代人的健康素质和文化素质的提高有着不可低估的影响，同时对我国医学科普工作的开创和发展也有十分积极的作用。1960年停刊，1978年复刊。1993年以后，《大众医学》先后出版台湾地区版、新加坡版等。1996年起，又与中国盲文书社合作，出版《大众医学》盲文版式。

《大众医学》始终不渝坚持科学性第一。由学有专长的专家、教授撰稿，既介绍医学最新成果，又普及医学保健基本知识。在科学性和权威性的前提下，十分注重内容的知识性和实用性，因而能科学、具体地指导读者在日常生活中的各种健康行为。以科学性、知识性和实用性的内容，直接推动广大读者对健康观念的思考和生活方式的转变。

六、《大自然探索》

1. 创刊时间：1982年

2. 刊　　期：月刊

3. 主办单位：四川科学技术出版社

4. 办刊宗旨

《大自然探索》是享誉中外的名牌科普期刊，它准确传播科普知识，深入揭示自然奥秘，全力探索人文互动。但凡日月经天、江河行地、山呼海啸、松姿鹤影、人与自然、生命奥秘，均有精彩描写，生动反映。文字深入浅出，文章情趣横生，图片瑰丽精美，始终围绕"自然"，贵在结合"人文"，重在全力"探索"，真正是期刊界的"探索频道"，科普类的"故事大观"。

5. 主要内容

揭示动物、植物、人体、沙漠、冰川、洞穴诸多自然未解之谜；展现火山、地震、飓风、海啸、极光、闪电种种奇异自然景观；记录人类开疆辟壤，探索太空、海洋、地球、生命的艰难真实历程。特别报道、太空与太空科技、地球科学、生命科学、动物科学、人与自然等内容，贴近时代，贴近生活，科学与人文交融，集科学性、知识性、趣味性于一体。

6. 主要栏目

太空畅想、地球纵横、生命奥秘、动植物奇趣、人与自然、考古发现。

七、《电脑应用文萃》

1. 创刊时间：1995 年
2. 刊　　期：月刊
3. 主办单位：天津电子研究所
4. 办刊宗旨

引领电脑应用潮流、提供全面解决方案。精心编排独具风格和实用价值的内容，带给目标读者最新的软硬件技术、解决方案和应用技巧。在目标读者中建立起一种信任和依赖关系。多媒体光盘会给读者提供更多更新的

软件、资讯和教程。

5. 主要栏目

新闻月报。主要是报道业界、硬件、软件、网络新闻，对业界的大事进行评析，让读者对这些有深刻认识，进而提升其 IT 理论和素养水平。

硬件 & 数码。介绍硬件、数码产品、市场、消费和产品使用技巧。充分挖掘硬件设备的潜能，使其更好地为我们所用是广大读者较为关心的，这个栏目可以让我们手上的硬件设备更为增值。

系统应用。主要挖掘操作系统的潜能和应用，让它更高效、更巧妙地为我们的工作和生活服务，为主打栏目之一。

实用软件。提供最新和经典软件的深入使用方法，挖掘软件使用潜力，给读者完全全新的应用解决方案，更好地为电脑增值，为主打栏目之一。

办公软件。电子化办公占了人们工作的大部分时间，实用办公解决方案及 Office、WPS 组件的使用技巧则正好可以让你事半功倍。

电脑防线。所有与病毒防治、系统安全、网络安全相关的信息都可以从这里得到，使你的电脑顺畅、安全地运行。

网络社区。所有与网络应用相关的东西都将在本栏目得到全新体现，介绍一些全新的、实用的网络工具，设计应用方案，尤其是一些实用技巧、局域网与宽带应用方法，主打栏目之一。

专题企划。CTips 提供给大家的专题栏目，荟萃软件、硬件、网络等系统性、综合性的全面解决方案，是最为吸引读者的栏目之一，也是本刊倾力打造的精品栏目。

问题与解答。系统、软件、网络、硬件问答，读者们使用电脑过程中遇到的疑难问题一般都会在这里找到他们期待的答案。

杂志光盘。作为杂志的扩充，供免费、共享、商业试用软件的作者发布他们的最新作品。同时，也供广大作者发表文章、多媒体教程、动漫（原创）、Flash 等时尚作品。

八、《电世界》

1. 创刊时间：1995 年

2. 刊　　期：月刊

3. 主办单位：电世界杂志社（上海）

4. 办刊宗旨

要促进民族工业的发展必须普及电工知识，培养我国的电工技术人才。

5. 主要栏目

专题：每期都有一个针对当时行业和读者关注的热点的文章集合，对发展动态、核心技术、实际应用、相关产品及数据进行报道。

新技术·新产品：及时介绍电气新技术的革新、原理和特点，新产品的原理、技术参数和在实际中的应用。

标准与规范：介绍标准的发布情况，相关标准与规范的内容和应用，新标准实施后对行业的影响以及标准的使用。

经验交流：推广工作实际经验，从技术原理入手，强调可操作性，针对性强，便于读者吸收。

国外技术：简明报道发达国家的电气技术发展动向，并吸取他们的经验作他山之石。

电气计测：各种电参数的测量

方法，仪器仪表，测量线路，数据及误差分析。

事故与安全：事故的起因分析和应对策略，安全措施和正确的操作方法。

检修与施工：各种电气设备的安装、维护与检修，工程的施工技术。

讲座连载：多期连载，系统介绍各种实用技术内容，既有该技术的发展经纬，又有应用线路、数据和实例，实用指导性贯穿整个讲座。

信息与资料：精选出读者感兴趣的标准变动信息，行业动态，实用的技术数据、产品型号规格等电工参考资料。

电工园地：普及电气知识的园地，内容包括实际工作中的知识应用、基础理论对实际工作的指导、家庭用电、史话钩沉、小制作。

读者信箱：工作中遇到的疑难问题，电世界邀请专家免费解答，有的放矢，触类旁通，是未曾谋面的良师。

想想看：各方面专业知识一问一答，启迪思维，澄清概念，答疑解惑。

读·作·编：读者、作者、编者三者在讨论专栏的不同见解。

九、《动物世界》

1. 创刊时间：1984年
2. 刊　　期：月刊
3. 主办单位：动物世界杂志社
4. 办刊宗旨

《动物世界》是全国唯一一本以介绍动物为主的全彩期刊，以翔实的报道追踪国内外动物的最新事件，以人文的精神关注动物界的方方面面，以图片的形式再现动物的完美瞬间，讲述关于动物最美丽的故事。

5. 主要栏目

卷首语：采访中国动物界的知名人士，如赵忠祥老师等，讲述他们对未来动物界发展的一些期望。

亲密接触：让读者同国内外有多年动物饲养经验的从业者进行亲密接触，以使读者了解各种动物不为外人所知的秘密。

当月主题：深入追踪报道每月最为大家关注的动物界的头条新闻，展现整个事件的台前幕后，各种花絮。

绿沙龙：人物专访单元，采访公众人物与动物之间的点点滴滴。

濒危地图：锁定世界各种处于濒危状态的动物，充溢着动物保护主义的人文气息。

完美本能：领略各种动物为了在大自然中生存演变而来的神奇本领，令人叹为观止。

另类宠物：让我们认识这些与人类关系最亲密的小动物。

生命画题：以图片为主，介绍动物的各种奇趣，一个图片就是一个故事。

物种奇谈：世界上的动物千奇百怪，尤其是有的动物与它的同类截然不同，通过此栏目可以揭开它们的神秘面纱。

编读往来：与读者的互动区域，让编者了解读者的所见所想，以使杂志办得更好。

十、《海洋世界》

1. 创刊时间：1975 年
2. 刊　　期：月刊
3. 主办单位：中国海洋学会
4. 办刊宗旨

面向广大青少年、面向社会公众宣传我国海洋事业、传播海洋科普知识、促进全民海洋意识提高的重要窗口，是国内受到众多普通读者喜爱的唯一一本有关海洋的综合性科普期刊。

5. 主要栏目

蓝色观察、本期视点、权威访谈、海事要闻、多样生物、环球生态、狂暴海洋、海洋与人、海洋科技、滨海旅游、健康美容、文化长廊、海上武备等。

6. 基本情况

《海洋世界》期刊是由中国科学技术协会主管、中国海洋学会主办，海洋出版社出版、国内外公开发行的一本海洋时事科普期刊。它创刊于 1975 年，原名《海洋战线》，属国家海洋局科技部领导；海洋出版社成立后，该刊划归海洋出版社建制。1979 年 1 月，《海洋战线》更名为《海洋》；1988 年 1 月，又更名为《海洋世界》。可以说，这本期刊的诞生和成长一直伴随着我国海洋事业的不断腾飞并走向辉煌。

《海洋世界》读者对象主要包括

全国涉海各领域的行政管理部门、企业及其他工作人员、大中学生以及其他普通社会公众。近年来,《海洋世界》杂志还承担了多项海洋科普活动的任务。在 2005 年和 2006 年,承办了由国家海洋局、教育部和团中央共同主办的"纪念郑和下西洋 600 周年海洋知识竞赛"活动;2008 年至今,每年都参与国家海洋局主办的"全国海洋宣传日"相关活动以及由海洋出版社承办的"全国大中学生海洋知识竞赛"活动,均取得了不俗的社会反响。

十一、《航空知识》

1. 创刊时间:1958 年
2. 刊　　期:月刊
3. 主办单位:中国航空学会
4. 办刊宗旨

中国大陆唯一一家专门介绍航空(及航天)知识的军事科普月刊,因其独特性、新颖性、趣味性及详细的知识内容而深受广大航空及军事发烧友的喜爱,该刊近年来刊登的大量精美图片更是大受读者的欢迎。该刊作为中华人民共和国成立后最早的航空航天科普期刊,以"普及航空航天知识、宣传航空航天事业"为己任,秉承"客观公正、有益社会"的办刊宗旨,报道航空航天科技发展、产品研发与重大事件。1960 年 8 月因纸张供应紧张而停刊,1974 年 1 月复刊。

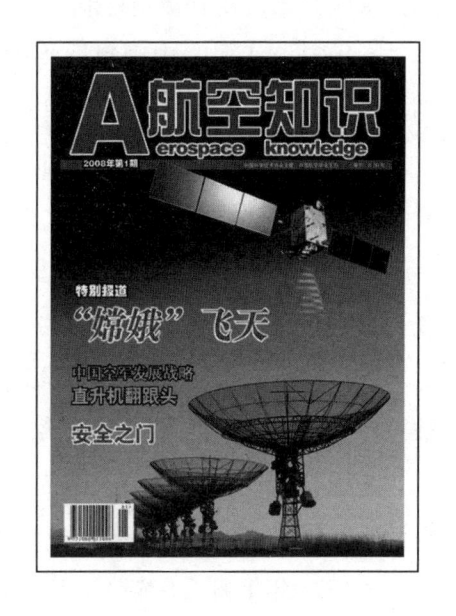

5. 主要栏目

视点、特别报道、空天力量、蓝天百家、航空讲堂等,系统全面地介绍军事航空、民用航空、航空运动、航天科技各个方面的知识和动态。

6. 简要大事记

• 1958年10月《航空知识》在北京航空学院（现北京航空航天大学）正式创刊。定为双月刊，由科普出版社出版，当年仅出2期。

• 1959年2月~4月，按照双月刊出版，共2期。5月，开始改为月刊，全年共出版10期。

• 1960年1月~7月，共出7期。8月，由于我国经济暂时困难，纸张供应紧张，期刊被迫停刊。

• 1962年1月，中国科协将中国航空学会成立和《航空知识》复刊出版意见，上报国务院副总理兼国家科委主任聂荣臻元帅。

• 1963年2月，聂荣臻元帅同意上述意见，并批示：《航空知识》复刊后可由北京航空学院主办改为中国航空学会主办。

• 1964年1月17日，杂志复刊后第一期出版，钱学森为此撰写了复刊发刊词（1963年12月4日）。第一期由科普出版社出版。

• 1966年，发刊8期，8~9期合刊。后由于"文化大革命"，杂志被迫停刊，这是《航空知识》第二次停刊。

• 1973年，由叶剑英、李先念等中央领导批准，中国航空学会恢复活动，《航空知识》恢复出版。

• 1974年1月，《航空知识》复刊。

• 1980年，杂志开始向国际发行，并尝试双色印刷。

• 1985年11月19日，国际航空联合会（FAI）向《航空知识》颁奖，颁奖大会在印度新德里举行，这是中国刊物首次获得该奖项。

• 1986年10月，《航空知识》联合四家媒体举办"全国首届航空知识竞赛"。

• 1991年至今，获得十余种期刊奖项，包括两次"国家期刊奖"。

● 2008年11月26日，《航空知识》50年庆典大会。

7. 刊名理解

钱学森在1963年复刊发刊词中指出："今天我们所说的航空技术，必须包括'航空气'和'航空间'这两个部分。"钱学森所说的"航空气"，即在大气层内活动（狭义的"航空"），而"航空间"就是在大气层以外活动（航天）。也就是说，《航空知识》期刊对于航空气和航空间知识都介绍。这一点，从它的英文名中也可看出。英文中"aerospace"就指航空气和航空间。

十二、《航天员》

1. 创刊时间：2005年

2. 刊　　期：双月刊

3. 主办单位：中国航天员科研训练中心

4. 办刊宗旨

以普及载人航天知识、弘扬载人航天精神、传播载人航天文化为办刊宗旨，是面向广大青少年及航天爱好者的权威科普期刊。

5. 主要栏目

专题、航天员俱乐部、天宇来风、特别关注、空间站、航天装备、航天史话、航天艺苑

十三、《户外探险》

1. 创刊时间：2010年

2. 刊　　期：月刊

3. 主办单位：探险杂志社

4. 办刊宗旨

提供最健康的生活方式，最实用的旅行线路，最新鲜的户外玩法，最全面的装备知识。

一向坚持"户外是一种生活方式，探险是一种生活态度"，户外不应该只是现实生活的补充，而应该是水乳交融的一种心态。不需要在爱与痛的边缘挣扎，不需要在时间与物质压力的夹缝中取舍，户外也可以是一种心情，一个简简单单的选择。

《户外探险》是一本美观精致的户外生活类杂志，以自己的视角，从不同的角度为读者展示生活的闲适与激越，二者相辅相成，共筑精彩的生活空间。通过对户外活动及背包自助旅行的描述，倡导贴近自然、乐观、健康、和谐的生活方式。

5. 主要栏目

《户外探险》内容以户外活动、自助旅行和野外探险三部分为主，它倡导贴近自然、乐观健康的生活方式，也是国内第一本以介绍户外休闲生活为主的实用指南期刊。主要由以下三部分构成：（1）户外活动：选择介绍在国内比较普及、流行，并且有一定认知度的各类户外活动，如野外露营、登山、滑雪、自驾车、骑马等。同时也为读者推荐和推广一些更加新颖、刺激的户外运动，如滑翔伞、潜水等。（2）自助旅行：侧重于介绍比较新奇或时下比较热门的自助旅游线路，避免单调、常规的旅行线路。文章风格简洁、诙谐，在强调可读性的同时突出旅行实用信息。(3) 野外探险：介绍近、现代国内外著名探险活动，更强调观赏性和科学性，将全球探险胜地的自然原始风貌和探险家惊险果敢的探险经历立体地展现在读者面前。

主要栏目有：

特别策划——追踪读者关心的户外焦点，不仅有适用于自助旅行的实用手册，还有关于户外运动的详细指南，诠释全新的户外理念；

玩转户外——隆重推荐精彩的户外运动，从野营、登山、攀岩、山地自行车到漂流、滑翔以及滑雪、滑水等，让读者感受风靡全球的户外活动的无限魅力，充分享受户外运动的快乐和收获；

探险之旅——介绍或惊险或刺激或艰难的科学探险经历，多以国内外重大科学探险事件为主题，满足读者探险猎奇的"心游"需求；

装备——实用的装备购买使用指导栏目，不仅包括翔实可靠的实用信息，还有关于装备的使用技巧和经验之谈，是户外爱好者的必备手册；

自由自在——亲身经历的见闻感受和全方位周到细致的资讯服务，给读者身临其境的真实感，并配有出乘路线、消费价格、经验提示等方面的大量资讯，为读者量体裁衣、度身定制完全个性的出行方案；

人车生活——为有车一族精心设计的驾车游路线，让你充分享受汽车带给你的便捷，大自然带给你的愉悦；

户外锦囊——众多户外专家为你提供的涉及徒步、露营、驾车等众多方面的经验与心得；

户外健康——为你的户外活动提供全面的健康指导。

十四、《环球科学》

1. 创刊时间：2006 年
2. 刊　　期：月刊

3. 主办单位：中国科技新闻协会

4. 办刊宗旨

以普及科学知识、培育民族科学精神为宗旨。

《环球科学》是一本高品质的科普期刊，超过70%的文章来自《科学美国人》英文版和其他版本，适合高科技企业管理者、专业技术人才、科研工作者、教师、公务员和所有大专以上文化程度的科学爱好者阅读。《科学美国人》独家授权，《环球科学》内容涉及天文、地理、生物、人类、自然、IT、医学、电子等领域，见证了科学、技术、商贸、政策等领域的最新发展状况。准确预测全球科学未来的发展趋势，以及它对人类社会现在和未来的深刻影响，并将科研成果和人们的实际应用联系在一起，成为制订政府和企业科技政策与发展战略的首选参考，以及深入了解各领域科技动态的最佳指南。

5. 主要栏目

封面故事——第一流科学家，第一时间，剖析科学重大突破。

热点追踪——关注全球科学大事，记录人类文明进程。

前沿扫描——最快的科学新闻，最新的技术应用。

技术解剖——小事物暗藏大奥妙。

科学原理——与科学家同行：最有个性的科学家，最鲜为人知的研究课题。

亲历——著名科学爱好者现身说法，细数成功背后种种诀窍。

反重力思考——新锐、鲜明的科学观点，颠覆传统的逻辑论断。

十五、《健康博览》

1. 创刊时间：1995 年
2. 刊　　期：月刊
3. 主办单位：浙江省疾病预防控制中心，浙江省健康教育所
4. 办刊宗旨

一刊在手，健康拥有。

5. 主要栏目

"健康视点"板块贴近生活、追求热点，其中"特别关注"栏目重点报道与健康相关的社会新闻以及人们感兴趣的热点话题，并就该内容约请多位专家从不同的层面进行分析；"新闻点击"就其他各媒体（如电视、网络、报刊等）报道的与健康相关的新闻事件，邀请有关专家进行剖析，读者可从中学到很多有用的医学知识；"健康时讯"介绍许多新的医疗时讯。

"健康顾问"板块中"专家谈百病"栏目请专家谈疾病的发生、发展、转归、预防和治疗；"用药指南"介绍药理知识，提醒读者在家庭中用药的注意事项、避免用药误区；"医法经纬"阐述与法律有关的医学问题，如医疗纠纷、司法鉴定、医学伦理等。

"健康家庭"是一个保健类板块，是我们生活中不可缺少的保健医生；"长寿有道"是老年朋友们养生保健的顾问；"家庭医生"介绍一些常见病的自我防治、家庭护理以及家庭急救常识；"健康宝宝"介绍婴幼儿的疾病防治，提醒妈妈们全方位关注孩子的成长；"吃得健康"教我们合理搭配营养，养成健康的饮食习惯；"绿色家园"倡导环境保

护，健康的家居生活、安全的办公环境是我们在这个地球上赖以生存的先决条件；"人在旅途"介绍旅游保健知识；"性爱时空"栏目解读两性奥秘和两性生活情趣；"人生百味"讲述医患之间的故事，与读者共同品味行医或就医过程中的酸甜苦辣。

"健康女性"板块关注女性朋友们的生活；"知心女友"是女性朋友的密友，女性难以启齿的秘密，如性爱、避孕等，都可以悄悄说出来，与编者共同探讨健康美好的生活方式；"女性保健"介绍女性生理卫生、疾病与保健；"健康时尚"栏目介绍与生活息息相关的医学与生活、美容、时尚资讯，点评美容误区，同时还介绍娱乐保健知识；"我形我塑"介绍时尚健身方法，与大家共同分享健身心得。

"健康心理"板块中的"青少年热线"是青少年的知心朋友；"心理ABC"带我们走进心底的神秘世界，讲述心理卫生的有关知识；"倾听"栏目请老百姓倾诉自己的烦恼故事，将邀请心理专家做心理疏导；"心理诊室"告诉我们心理及精神疾病的治疗以及行为矫正方法；"情感驿站"与我们一同品味爱情与人生，关注时尚的情感热点。

另外，还有深受读者朋友们喜欢的"健康咨询""健康画页"等栏目。

十六、《家庭健康》

1. 创刊时间：1981年
2. 刊　　期：月刊
3. 主办单位：山东省立医院
4. 办刊宗旨

倡导健康的生活方式，传递准确的医学知识。

5. 主要栏目

医学科普话题、养生讲座、康乐家、金色年华、慢病康复、问健康、乐生活等。

十七、《科幻世界》

1. 创刊时间：1979 年
2. 刊　　期：月刊
3. 主办单位：四川省科学技术协会
4. 办刊宗旨

《科幻世界》以发表科幻小说为主，所设立的"银河征文奖"是中国科幻业界内代表中国科幻整体水平的最高奖项。国内知名科幻作者，皆在此受到全中国科幻爱好者的瞩目。发行量高达 50 万份，是中国乃至全世界发行量最大的科幻杂志，曾获得"世界科幻协会最佳期刊奖"，并入选"中国百种重点社科期刊"，是中国科幻期刊中一面历久弥新的金牌。"把握现在，拥抱未来，"这便是《科幻世界》风靡于大中学生、广大青年人和所有科幻爱好者中的真正原因。

5. 主要栏目

科学、惊奇档案、跃迁层、银河奖征文、世界科幻、校园之星/星沙、幻闻、前沿、品书坊、回声。

十八、《科技生活》

1. 创刊时间：1954 年
2. 刊　　期：2019 年前为周刊，2019 年起为月刊

3. 主办单位：中国科学技术协会；承办：北京科技报和北科传媒

4. 办刊宗旨：离生活最近的科学期刊。传播科学知识，弘扬科学精神。

5. 主要栏目

北科社评、争鸣、酷品、幕后、图片、器材、图解、人物、健康、创新、地质、探索、教育、实验、科幻、生态、科学史、心理、智读、求证、知趣、漫画等。

十九、《科技新时代》

1. 创刊时间：1996 年

2. 刊　　期：月刊

3. 主办单位：大众科技报社，北京新时代润城科技咨询有限公司

4. 办刊宗旨

《科技新时代》是美国《Popular Science》杂志的简体中文版，力图展示与时代同步的生活科技信息、信息所涉及的主要科技原理、信息对生活可能产生的影响。

5. 主要栏目

点击：评说现代生活科技热点；

新产品：介绍即将上市的科技产品；

前沿消息：报道前沿科技进展；

第一次接触：试用最新产品；

焦点：深度报道科技热点事件；

知多少：普及科技常识和新知识；

往事：回顾科技大事件。

二十、《科普创作》

1. 创刊时间：1979 年

2. 刊　　期：季刊

3. 主办单位：中国科普作家协会、中国科普研究所、中国科学技术出版社

4. 办刊宗旨

本刊面向全国，放眼世界，反映国内外科普创作新成果及科普创作产业发展态势。

本刊不仅深入追踪时下科普创作热点，科普创作理论界资深专家学者的新思想、新研究，而且自觉向思想敏锐、充满活力、功底扎实的中青年作家、新秀理论工作者全面开放。

5. 主要栏目

大观·作品长廊：主要刊登科学文艺类作品，包括科幻小说、科学童话、科学诗歌、科学游记、科学小品等，要求作品兼具科学性、文学性、艺术性。

众弹·作品及产业深评：主要刊登经典和热点科普科幻类作品的评论，

评论对象不限。要求观点独到、见解深刻。

风采·与科普人物同行：每期甄选一位科普或是科学人物，以报告文学的方式讲述其成长历程。

舶来·四海来风：主要介绍国外的科普创作情况，包括科普创作产业研究、科普科幻作品翻译等。

绘影·科学艺术：主要刊登科学艺术作品，尤其是反映高精尖科技动态的艺术作品。

6. 又一个科普创作的春天

本内容转自《科普创作》复刊第 1 期，即 2017 年第 1 期上周忠和院士的卷首语。

2016 年 12 月 15 日，经国家新闻出版广电总局正式批复，同意《科技与企业》更名为《科普创作》，时隔二十五载，《科普创作》回归复刊，这是时代赋予《科普创作》的机遇和使命，使其有机会在盛世舞台施展自己的抱负：搭建科普交流平台，聚焦科普评论，助力科文交汇，繁荣科普创作，提升国民科学素质。时代发展、格局变幻，刊物的发展和定位历经沧桑与变革，如今得以复刊，身载社会各界的厚望与期待，负重前行。

时间回溯到 1978 年，全国科学大会召开，坚冰被击碎，枷锁被冲破，中国开始了现代化的新征程，全国科学大会上提出了"科学技术是第一生产力"的论断，1978 年的春天，也因此成为"科学的春天"。1979 年 8 月，由中国科普作家协会的前身中国科学技术普及创作协会主办的刊物《科普创作》试刊内部发行，时任中国科学技术协会主席的周培源先生撰写了文章《迎接科普创作的春天》，文中指出："《科普创作》的历史使命就是繁荣科普创作，为加速社会主义现代化服务。"《科普创作》自创刊起至 1992 年更名为《科技与企业》，历时 14 年，贯穿了科普创作较为繁荣的 20 世纪 80 年代，共出版 77 期，刊登科普政策、理论研究、评论、原创作品等近2000篇,为推动科普创作发展发挥了重要作用,具有较强的社会影响力。

2016年,在"科技三会"上,习近平总书记指出:"科技创新、科学普及是实现创新发展的两翼,要把科学普及放在与科技创新同等重要的位置。"科普创作是科普工作的有机组成部分,感谢这个时代给了《科普创作》无上的使命感和荣誉感,使其能不忘初心,重新开始。虽有着多年办刊历史的厚重积淀,时代的变迁依然给《科普创作》带来了足够的考验,不得不在试水中摸索前行:如何搭建好科普创作交流的平台?如何通过评论引领科普创作的发展?如何让那些有远见卓识的思想脱颖而出?这些都是《科普创作》办刊人时刻在思考的命题。经历过迷惘和彷徨、发展与中断,如今,我们欣喜、忐忑而自信,有了更为清晰、坚定的认识,即坚持"百花齐放、百家争鸣"的办刊方针,贯彻"加强评论、培植人才、繁荣原创"的办刊宗旨。复刊后的《科普创作》面向全国、放眼世界,注重推荐具有原创性、思想性、时代性的作品,反映国内外科普创作新成果以及创作产业发展新态势,追踪时下科普创作的新热点、新思想、新研究,向功底扎实、思想敏锐、充满活力的广大科普创作者及研究者全面开放。

当今的科普创作与科普评论都需高扬科学的旗帜,以时代的呼唤、人民的需求为中心,坚持科学性、艺术性、思想性相统一,积极面对并适应新科技革命、人工智能与生物技术带来的全新创作生态。

"文运同国运相牵,文脉同国脉相连",科学与文化的自信,是一个民族更基础、更广泛、更深厚的自信,是更基本、更深沉、更持久的力量。我们衷心地希望广大科技工作者、文艺工作者、文教工作者、科普创作工作者积极投入科普创作,努力创作出无愧于伟大时代、伟大国家、伟大民族的优秀科普科幻作品,夯实科学与文化的自信力,为实现中国梦注入科学的力量。《科普创作》愿与您一起携手并肩,建立一个广泛的科普创作交流的平台，努力推介优秀科普作品，推动科普创作的发展，迎接科普创作又一个百花齐放的春天。

（这是中国科学院院士、中国科普作家协会理事长周忠和为《科普创作》复刊第一期撰写的卷首语）

二十一、《科学大观园》

1. 创刊时间：2001 年
2. 刊　　期：半月刊
3. 主办单位：大众科技报社，北京新时代润城科技咨询有限公司
4. 办刊宗旨

本刊以科学知识、科学生活为切入点，知识面宽、信息量大、图文并茂，力争科学性、知识性、实用性、趣味性、可读性的完美结合。是中国读者了解国际科技动态和新趋势的窗口，一直在为推动中国科学技术的快速发展而努力。我们将尽最大努力为中国广大读者提供最新科技信息与素材，帮助读者拓宽视野，增长对最新科技知识的了解。

5. 主要栏目

科技纵横谈、博学知识窗、瞭望大世界、信息海观潮、生活伊甸园五大板块，涉及最新科技发展、天文地理、军事领域、电脑电器、健康医药、家庭生活等。

二十二、《科学大众》

1. 创刊时间：1937 年

2. 刊　　期：月刊

3. 主办单位：江苏省科技厅和江苏省教育厅

4. 办刊宗旨

《科学大众》的发刊词里写道："科学不是象牙塔里的装饰品，非升平的点缀，非贵家的专利；科学的工作者尤不是社会上的特殊阶级。科学不发达，国家永难走上轨道；科学而不能深入民间，科学即未曾完成其终极的使命。""中国的青年和大众，如果都能受到科学的洗礼，学一点科学方法的训练，得一点科学精神的熏陶，进可以编成科学的新队伍，参与各部门的建国大业；退在生活与思想，工作与习惯上亦将有何等的裨益与帮助？诚然，当举步艰难的今日，这些话不免是渺茫的理想；但是作为一个现代的中国人，为自身，也为同胞，更为未来的子孙万世着想，我们岂能不怀这样的理想，岂能不努力，求这些理想的实现？"

《科学大众》主要刊登国内外科学教育研究报告、教师教育教学论文、教师教育教学教案与教学感想、校本教研成果介绍、理科教育教学研究、自然科学研究方法、教育教学评价与测量、科学教育研究综述、学生科学探究实验报告等中英文稿件。

5. 主要栏目

杂志每期都精心策划主题文章，介绍各类知识，关注社会、科技热点。让小朋友了解人类科技文明的演进历程，进而获得系统的观念与知识。

本刊每期的主题漫画，都运用生动有趣的情境设置、可爱的人物特写将科学知识蕴藏其中。漫画插图与照片使得整本期刊生动活泼，让孩子爱不释手。

观察实验，手脑并重。新一轮课程改革正在推进中，本刊与现行中、小学课程相结合，强调科普与学校教育的联系，是新课程的辅助工具。

以"贴近学生、贴近课堂、贴近校园"为切入点不断对期刊内容进行调整：通过对中国科技领域取得新成果的介绍，宣传科技界英雄人物热爱祖国、艰苦奋斗的感人事迹，增强青少年的爱国情感，弘扬和培养以爱国主义为核心的民族精神；通过国内外科技史上发生的重大事件介绍、著名科学家成长故事的讲述、重大成果背后科学家付出艰辛的揭示，培养青少年的创新意识，使其逐步形成大胆想象、尊重事实、勇于创新的科学态度和精神，并把自己的成长与祖国进步及繁荣富强联系起来；通过专家解答青少年在学习、生活中遇到的科学、生理、心理以及人际关系等问题，激励他们产生求知欲、养成良好的道德品质和文明习惯，学会处理人与人、人与社会、人与自然的关系，形成人与自然和谐相处的意识；通过中小学生在课程改革和科技活动中的成果展示，提高他们的实践能力、创新能力、自主能力和合作能力；通过科学发展观的宣传，倡导青少年更加关注所学知识与生产、生活实际的联系，从小树立可持续发展的意识。

6. 简要大事记

1）在全国综合性青少年科普期刊中，《科学大众》创刊最早（1937年）；1966年停刊前，在全国青少年中的影响最大。

2）《科学大众》曾受到毛泽东同志的称誉。1954年他在中直机关一次干部大会上说："《科学大众》我读了很有益处，建议大家读一读，从中学点自然科学知识。"《毛泽东的读书生活》一书附录中他所读书目里就有《科学大众》。郭沫若同志同年为《科学大众》题写了刊名。

《科学大众》是一份与《科学画报》《知识就是力量》齐名的国家级名牌杂志，影响了几代中国青少年。在全国同类期刊中，《科学大众》是独享此殊荣的一本杂志。

3）1953年至1966年期间，由中华全国科普协会（中国科协前身）主办的同类期刊，《科学大众》是独此一家。

4）科普载体一般通过科普活动、学校科学教育、大众科学传播三个途径，将科普内容输送到科普对象。《科学大众》复刊形成的"全途径"科普实践模式（开展"金钥匙"竞赛，辅导中小学课程改革的科学课、综合实践活动课，贴近校园、贴近课堂、贴近学生办刊），在全国同类期刊中不多见。

1994年7月《科学大众》在江苏复刊之初，邓楠同志就开始担任本刊顾问，她的威望所产生的效应很明显。1994年11月《科学大众》在江苏复刊后，在主办单位省教育厅、省科技厅、省科协的领导下有了长足发展。

改版后的《科学大众》遵循"图解科学、欢乐学习"的教育目标，更加时尚、实用。

二十三、《科学画报》

1. 创刊时间：1933年
2. 刊　　期：月刊
3. 主办单位：上海科学技术出版社
4. 办刊宗旨

本刊宗旨最主要的就是要把普通科学知识和新闻输送到民间去。希望用简单的文字和明白有意义的图画或照片，把世界最新科学发明、事实、现象、应用、理论以及谐说、游戏都介绍给读者，逐渐地把科学变为读者生活的一部分，使读者看待科学为容易接近且可以利用的资料，

而并非神秘不可思议的幻术。古人说:"百闻不如一见",图画与实物最为相近,看了图画,虽不能如与实物相接触之一见,然比较空谈已胜过不少,至少可以说得半见。……故本刊内容务求精审,篇幅力求简短,文字以明白晓畅为主,且图文并重,理论与实际不相偏废,更寓教育之意,以补一般书本之不足。

5. 主要栏目

当代科技、热点聚焦、科技未来、科学生活、科技博览、科技新产品、科学文艺等,内容包括科技前沿、科学发现、科技广角、科技畅想、未来天地、生活创意、医学新知、电脑广场、大千世界、自然之谜、科技争鸣、百科珍闻、遥望星空、科学小说。

6. 主要办刊历程

1933年8月1日,中国第一本通俗科普期刊《科学画报》在上海创刊,创始人是时任中国科学社总干事杨孝述先生。

为向妇女和少年儿童普及科学知识,《科学画报》编辑部于1937年2月至6月间刊印了妇女和儿童读物《家常科学》九册,分为"书室""家房""厨房""采煤间·洗衣处""浴室""饭堂""客室""缝衣室""衣服室""首饰箱"十编。

《科学画报》是我国历史最悠久的一本综合性科普期刊。该刊在发刊词中明确提出:"要中国科学化主要在于民众和儿童具有科学知识",因为"务农的缺乏生物园艺的常识,做工的缺乏机械等方面的工业知识",迫切需要"用科学去解决他们生活和事业的困难";中小学生缺乏科学的读品，需要"有兴味的简单科学读品满足他们知识的饥荒，引起他们对科学的兴味"，引导他们"钻研科学，成为未来我国的科学人才"。

于是，《科学画报》所确定的办刊宗旨，最主要的就是："要把普通科学知识输送到民间（工农群众和中小学生）去。"办刊的方式，则采取"用简单文字和明白有意义的图画或照片，把世界最新的科学发明、事实、现象、应用、理论以及谐说、游戏都介绍给他们"，从而达到"逐渐地把科学变为他们生活的一部分，使他们看科学为容易接近、可以利用的资料，而并非神秘不可思议的幻术"。

《科学画报》的内容，主要是根据国外科普期刊上的内容（世界最新科技知识），以编译方式写成适合读者口味的文章，并辅以知名科学家结合自己专业撰著的长篇连载。《科学画报》还开辟了科学新闻、科学实验与工艺制作、小玩意儿和化学、物理等趣味性专栏，以及具有特色的物理图解、化学图解等，来启发青少年爱好科学。

《科学画报》从创刊起，就由科学家们来负责编辑工作，除杨孝述先生任总编辑外，还有化学家曹惠群、工程学家周仁、生理学家卢于道等人担任常务编辑，而生物学家秉志、气象学家竺可桢、科学评论家任鸿隽、语言学家赵元任、物理学家裘维裕、桥梁力学专家茅以升、水利工程专家汪胡桢、动物学家伍献文、化学家柳大纲等是《科学画报》的特约撰稿人。这也是这份科普期刊能够始终保持高水准、高质量的内在原因。

多年来，《科学画报》通俗生动、图文并茂地介绍最新科技知识，形式多样地普及科学技术，对提高广大群众的科学水平，启发青年爱好科学、投身科学事业起了很大的作用。当今的不少学者、教授、科学家，青少年时代都曾受到它的熏陶和启发。如我国著名的量子化学家、中国科学院上海冶金所研究员陈念贻先生，在《〈科学画报〉和我的少年时代》一文中说："在我的童年中，最值得回忆的是我与《科学画报》的友情……我走上毕生研究化学的道路，《科学画报》对我的启蒙作用是很大的。"中国科普研究所研究员李元先生也说："《科学画报》是我一生的良师益友，也是我的科学启蒙读物，更是我从事科普事业的动力。"所以，茅以升先生将《科学画报》誉为中国普及科学的"开路先锋"。

上海解放后，《科学画报》先由中国科学院接办，后交给上海科学技术协会和上海科技出版社主办，依然保持了原来的办刊方针和办刊方式，只是适时对内容作了调整，最高发行量曾达到138万册。

（摘自《海上大师：中国现代科学奠基者萍踪》，上海科学普及出版社出版）

（论文来源：《书摘》2008年第8期

转载注明来源：https://www.xzbu.com/5/view-2169659.htm）

二十四、《科学生活》

1. 创刊时间：1980年

2. 刊　　期：月刊

3. 主办单位：上海科学普及出版社

4. 办刊宗旨

健康对于每个人来讲，需要的不是灵丹妙药，而是适合自己健康的科学生活方式。本书的重点在于帮助和指导人们找到属于自己的健康方式。

找到健康方式的核心首先是了

解自己，包括自己的生理状态和心理状态。

其次就是健康观念和态度，内心深处要认识到健康就在日常生活中，从中寻找适合自己的衣食住行方式。

最后，通过自己一段时间的亲身感受和体会，留意自己的身心变化和感觉，加以调适使规律成为习惯，如此坚持科学生活付诸行动，就可"治未病"，即减少或避免患病机会，并延缓衰老过程。

5. 主要栏目

卷首语、健康速递、百姓视点、法治讲堂、心天地、衣天饰界、乐活人生、理财有道、健身广场、健康美食、家有儿女、养生保健、大众医药、呼吸笔记、游天下、生育健康、文化天地、专栏、编读往来等等。

二十五、《科学世界》

1. 创刊时间：1999 年
2. 刊　　期：月刊
3. 主办单位：科学出版社
4. 办刊宗旨

主要有两个方面：一是普及民众科学知识，达到科学救国目的；二是传播当时世界之先进技术，促进国家发展。

5. 主要栏目

热点、科学触角、特别策划、探索、破迷辨伪、科海钩沉、主编工坊、随笔、读书等。

二十六、《科学中国人》

1. 创刊时间：1995 年
2. 刊　　期：半月刊
3. 主办单位：中国科技报研究会
4. 办刊宗旨

以"弘扬科学精神、传播科学思想、普及科学知识"为办刊宗旨，以提高全民族科学文化素养为己任，得到了包括两院士在内的知名学者、科学家的好评，是广大知识分子开阔眼界、获取最新知识的良师益友。

5. 主要栏目

1）人物栏目：报道科学家的成才之道及知识分子在工作、学习、生活中的酸甜苦辣；

2）热点测温、中国论坛：关注我国科教领域的热点、焦点，并配以国内最权威专家的评述；

3）科学前沿：介绍国内外最新科研成果及学术动态；

4）科技博览：介绍最新科学知识、高新技术及产品；

5）人与自然：关注环保、生态，重视人与自然的密不可分的关系，以科学考察为主；

6）异域来风：介绍世界著名高校、世界顶级科学杂志最新重要文章及世界知名科学家的最新思想、观点。

二十七、《农村百事通》

1. 创刊时间：1982 年

2. 刊　　期：半月刊

3. 主办单位：江西科学技术出版社

4. 办刊宗旨

坚持以"为农民生产生活当参谋，为读者经营致富当顾问"为办刊宗旨，以"科学、实用、新颖、时效"为编辑方针，以"求新、务实、高效"为用稿原则，以"一看就懂、一学就会、一用就灵、一点就通"为办刊特色。

5. 主要栏目

百姓焦点、百事灵通、百路财源、经营之道、储藏加工、百业金点、百品商情、种植园地、养殖天地、机械设施、央视农经、央视乡约、生活百科、婚育百题、法系百家、百病妙治、百通信箱、百优服务等，共有近 20 个栏目。

二十八、《汽车与驾驶维修》

1. 创刊时间：1992 年

2. 刊　　期：半月刊

3. 主办单位：北京卓众出版有限公司

4. 办刊宗旨

以打造业内产品展示的第一平台和汽车服务价值的权威坐标系作为

期刊的发展目标。以服务广大车主、准车主及汽车爱好者为宗旨，凭借专业背景、权威将新车测评、用车养车知识、汽车品牌服务测评提供给读者，以期更好地帮助读者了解车、如何购车和用车。

5. 主要栏目

路试评析、深度聚焦、新车前瞻、热点新车、服务测评、读者评车、导购、安全驾驶等。

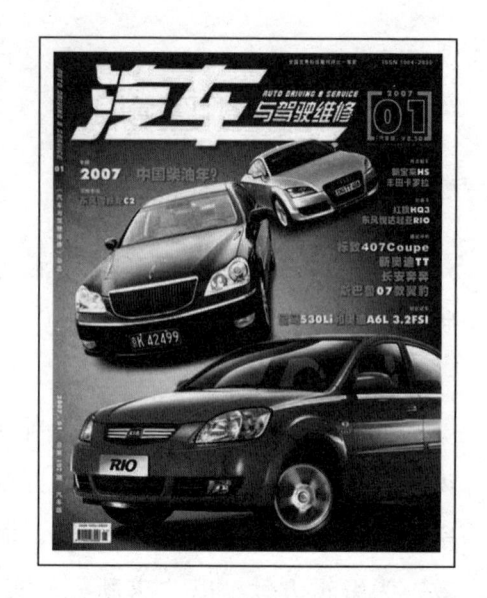

二十九、《人与自然》

1. 创刊时间：2001年
2. 刊　　期：月刊
3. 主办单位：云南教育出版社
4. 办刊宗旨

立足西部，面向全国，面向世界，从多方面反映生活中无处不在的依从关系、互动关系，倡导人们热爱自然、保护环境，在与自然和谐相处中建设美好的新生活。倡导生命、爱、自然和谐统一，并用生命智慧阐释与解读人与自然之间的各种关系。本刊大致分为认知自然、关注自然、美在自然、乐在自然四大版块，具有鲜明的大众性、知识性、可读性和现实性，图片约占三分之二，文字约占三分之一。图文互动，相得益彰。

5. 主要栏目

卷首语、专题策划、自然面孔、自然的生命、民族民俗、生存样本、智慧古鉴等。

三十、《人与生物圈》

1. 创刊时间：2002 年
2. 刊　　期：双月刊
3. 主办单位：中国人与生物圈国家委员会
4. 办刊宗旨

本刊是联合国教科文组织人与生物圈计划中国家委员会主办的高级科普期刊。它将国内外最美的自然保护区和国家公园的丰富内涵，以通俗有趣的文字及图片语言形式介绍给热爱自然的人们，使读者能对我国壮丽的河山、世界著名风景名胜等有更深入的了解，从而激发人们热爱大自然的美好情感。另一方面，它的内容均由我国长期从事自然保护工作的知名专家教授撰写，由摄影家提供图片，均为宝贵的第一手资料，从而保证了内容的权威性；集知识性、科学性、通俗性和趣味性于一身，是自然爱好者、旅游出行者、学校师生的朋友。

5. 主要栏目

生物圈探索、动物世界、珍稀植物、生态旅游、环球览胜、热点讨论、知识小品、信息快车等。

三十一、《知识就是力量》

1. 创刊时间：1956 年
2. 刊　　期：月刊
3. 主办单位：中国科学技术协会、全国总工会和共青团中央
4. 办刊宗旨

向国内各界青年介绍国外最新科技成就和现代科技知识，力求成为各界青年了解世界科技的窗口、献身四化建设的助手、适应现代化生活的参谋。

《知识就是力量》是大型综合性科普期刊，敬爱的周恩来总理亲笔为杂志题写了刊名。

5. 主要栏目

大视野——揭开宇宙奥妙、探索生命足迹、报道最新科技动态；

攀登者足迹——启迪人生、催人奋进；

名校风采——游历知识殿堂、选择明日辉煌；

军事天地——透视战争风云及国际最新武器；

环球采风——领略异域风情；

生物漫谈——漫游动物世界、观赏奇异植物；

学与玩——轻松愉快又可发展益智力；

专栏——涉猎广泛、名家执笔；

特辑——把握科技时事、内容异彩纷呈。

此外还有"电脑通""科幻之

窗""健康人生""为什么"等有趣、好看的栏目。

三十二、《森林与人类》

1. 创刊时间：1981年
2. 刊　　期：月刊
3. 主办单位：中国林学会、中国绿色时报社
4. 办刊宗旨

充分发挥全国绿化委、国家林业局主管科普期刊的优势，本着立足绿色行业、保护生态环境的原则，面向大众，尤其是城市居民、大中小学生宣传绿色事业，宣扬生态伦理，倡导绿色理念，引导人们追求绿色、健康、环保的生活方式和文化时尚。

5. 主要栏目

本刊目主要以优美的文字和精美的图片，报道野生动物、植物和自然景观，揭示生命的奥妙、自然的变化以及自然对人类的影响。

专题评述。反映某个学科或研究领域最新成果的研究进展、存在的问题以及今后的方向。作者本人或所在实验室在本领域有相当的研究经历和科研成果。

研究论文。反映我国植物分子生物学和分子育种领域在基础理论、应用研究和高新技术开发方面的、在国内外公开出版的刊物上尚未发表过的原始研究工作报告。

研究报告。以简要的形式发表的原始研究工作报告。

专题介绍。主要介绍植物分子生物学与分子育种领域的文献综述性论文。

学位论文简报。主要刊登博士学位论文及优秀硕士论文之大摘要。中英文同时刊登。

新基因、新种质、新品种。主要刊登具有自主知识产权的新基因，经过鉴定或品种审定的新材料及品种。

三十三、《生命世界》

1. 创刊时间：1974 年（原名《植物杂志》；2004 年更为现在的刊名）

2. 刊　　期：月刊

3. 主办单位：中国科学院植物所、中国植物学会和高等教育出版社

4. 办刊宗旨

探寻生命神奇，感悟生命神圣，体味生命神韵。

5. 主要栏目

卷首语、封面故事、专业、生命·科学、生命·健康、生命·自然、往事、生命·人文、生命·保护、摄影等。

三十四、《世界航空航天博览》

1. 创刊时间：1998 年

2. 刊　　期：月刊

3. 主办单位：中国航天信息中心

4. 办刊宗旨

全方位、多视角报道全球航空航天工业领域重大新闻、事件及背景材料；讲解航空航天知识；展示现代军事技术和未来战争可能的演变形式与基本特征；关注现代军事科技的最新发展；介绍尖端武器的性能与使用，分析由此带来的各国军力的变化；还为读者讲述世界航空航天发展历程中的珍闻逸事、名人传记，并对航空航天事业的未来发展进行预测和展望。

5. 主要栏目

全景扫描演示世界航空航天动态，以通俗流畅的笔法介绍新技术、新武器、新战事，兼及历史、科幻、太空探索，趣味盎然，颇受读者喜爱。

三十五、《太空探索》

1. 创刊时间：1981 年

2. 刊　　期：月刊

3. 主办单位：中国宇航协会

4. 办刊宗旨

追求知识性和可读性、可行性和趣味性相统一，是青少年和广大宇航爱好者了解宇宙的窗口、学习航天知识的园地、漫游太空世界的挚友、启迪科学思维的良师。

5. 主要栏目

热点聚焦、太空新航线、宇宙奥秘、星际探索、谍影传奇、尖端武器、载人航天、星空夜话、探测时空、宇航博士、神奇人物、中国航天、星海观潮、视点、博览等。

三十六、《天文爱好者》

1. 创刊时间：1958 年
2. 刊　　期：月刊
3. 主办单位：中国天文学会、北京天文馆
4. 办刊宗旨

以追踪天文热点、探索宇宙奥秘、启迪智慧、陶冶情操为办刊宗旨，坚持宣传辩证唯物主义世界观，介绍天文学基础知识和人类认识宇宙取得的新成果，培养青少年天文爱好者的观测实践能力，为中小学教学和天文爱好者进行天文观测服务。

5. 主要栏目

刊登的内容包括最新发现、天文知识、观星技巧、天文摄影、天象预告、人造卫星和空间探测等。栏目名称为：前沿·视点、天象预告、星空有约、宇宙奥秘、天文杂谈、天文奥赛等。

6. 其他

《天文爱好者》自诞生之初就得到了中国科学界和天文界的大力支持，期刊的科学顾问和编委均为国内顶尖天文学家和天文教育家，时任中国科学院院长的郭沫若先生亲自题写

了刊名,一直沿用至今。《天文爱好者》是国内普及天文知识的重要窗口,自创刊以来,累计发行1000余万册,在天文科普方面有着极高的声誉和举足轻重的地位,如今众多活跃在科研一线的天文学家都曾经是《天文爱好者》的读者。进入21世纪以来,《天文爱好者》紧跟时代步伐,从印刷质量到选题策划都有了全新的面貌,提出了做"探索神秘宇宙的首选科普读物"和"从入门到精通的完全天文指南"的新办刊目标,并推出了包括适合安卓、iOS系统阅读的手机版。

三十七、《无线电》

1. 创刊时间:1955年
2. 刊　　期:月刊
3. 主办单位:人民邮电出版社
4. 办刊宗旨

秉承"普及电子技术知识,培养电子科技人才"的办刊宗旨,为普及、推广应用电子技术做出了重大贡献,为中国的电子事业培养了几代人才。办刊多年来,《无线电》不断调整着报道内容,逐步形成了新颖实用、通俗严谨、信息量大、资料性强的特点,深受海内外广大无线电爱好者喜爱,被誉为"良师益友",是电子爱好者不可缺少的常备工具书。

5. 主要栏目

特别策划、家电与维修、电脑·单片机·通信、应用电路与制作、初学者园地、问与答、代换咨询热线、维修快易通、新器件等。

6. 其他

从电子技术的发展到应用,从家电产品的推介、选购、使用到维修，从工厂、研究所、各企事业单位应用的电路到适合个人工作、学习、生活的制作项目，从引导青少年、初学者入门到培养他们成为有一技之长的有用人才，《无线电》提供了多层次、多方位的服务。

三十八、《新农业》

1. 创刊时间：1971年
2. 刊　　期：半月刊
3. 主办单位：沈阳农业大学
4. 办刊宗旨

始终坚持为农民、农村、农业服务的办刊宗旨，读者定位准确，期刊文章内容具有"新、准、深、活"等鲜明特点，针对性强，实用性强，可读性强，深受广大读者喜爱。

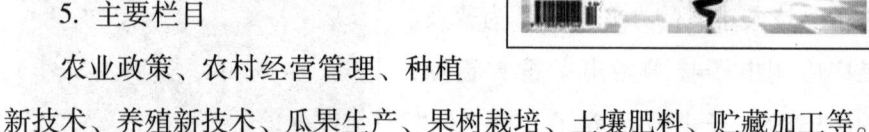

5. 主要栏目

农业政策、农村经营管理、种植新技术、养殖新技术、瓜果生产、果树栽培、土壤肥料、贮藏加工等。

三十九、《园林》

1. 创刊时间：1985年
2. 刊　　期：月刊（2000年前为双月刊）
3. 主办单位：中国风景园林学会、上海园林集团公司
4. 办刊宗旨

荟萃园林精华，海派休闲风格，传授园艺知识，充满时代气息。在当今快节奏的商品经济时代，保留一片自然清新的净土，让读者读到最精彩实用的内容是《园林》的承诺，宜欣赏、富阅读、利使用、获信

息是《园林》的特点。

5. 主要栏目

室内绿饰——用室内植物装饰空间的艺术；

生活花艺——明师主持、格调高雅。内容包括商业花礼、节庆花艺、实用插花、名家名作、东西方花艺赏析；

园林赏析——园林艺术中的阳春白雪与读者见面；

花卉门诊——养花有问题要看医生，与养花热线配套，为养花爱好者排疑解难；

花艺教室——讲授花艺的基础知识和基本造型，让你也能自己插花；

时尚专递——展示、引导最新的园林技术，最流行最优秀的花卉品种及最近出品的园艺机械、容器、肥料、药剂、介质……

花友俱乐部——花友尽可以在这里畅所欲言，交流、切磋养花技艺；

花草撷英——介绍观赏植物中的佼佼者，鲜为人知的趣闻轶事，了解花卉文化、花卉史话；

植物与保健——介绍植物养生、自然疗法的知识；推荐药、赏、食兼备的保健植物；

花园与设计——营造大大小小的花园，从设计、种植到养护都有正确的理念、精巧的构思和娴熟的技艺，给读者提供启发和帮助；

盆景技艺——各大流派作品赏析；为初学者示范制作盆景；奇特新颖盆景材料介绍；

信息窗——速递园林业、花卉业信息；

生意经——市场营销动态分析、各大花市花卉价格比较、成功经营者花店经营诀窍、流行趋势发布与分析。

四十、《智力（头脑风暴）》

1. 创刊时间：1983 年
2. 刊　　期：月刊
3. 主办单位：今晚传媒集团、天津市科学技术协会
4. 办刊宗旨

由天津市科学技术协会主办，创刊于 1983 年 7 月，是国内唯一以智力训练为主，启迪青少年智慧，集知识性、科学性、趣味性为一体的综合性科普月刊。

5. 主要栏目

慧眼识金、异想天开、冥思苦想、巧思妙解、游戏玩具、益智乐园、智力世界、思路点拨、解谜指南、借题发挥、出奇制胜、科学探秘、灵机一动等。

参考文献

[1] Brossard D. Media, scientific journals and science communication: examining the construction of scientific controversies [J]. Public Understanding of Science, 2009, 18 (3): 258–274.

[2] 柴玥, 金保德, 杨中楷.《中国国家地理》新浪微博传播效应

分析［J］．中国科技期刊研究，2015，26（5）：493－498．

［3］重熙．发刊旨趣［J］．科学画报·战时特刊，1937，（1）．

［4］初迎霞，孙明，张品纯．我国科普期刊的发展历程［J］．编辑学报，2011，23（4）：288－290．

［5］创刊献词［J］．科学大众，1946，（1）．

［6］创刊献词［J］．科学杂志，1941，（1）．

［7］段艳文著，石峰主编．中国期刊史·第5卷·纪事（1815－2015）．北京：人民出版社，2017：126．

［8］发刊词［J］．科学趣味，1939，（1）．

［9］范世忠著，石峰主编．中国期刊史·第3卷（1949－1978）．北京：人民出版社，2017．

［10］付玉晶．传统科普期刊在新媒体时代的发展探究［J］．传播与版权，2014，（2）：44－45．

［11］李频著，石峰主编．中国期刊史·第4卷（1978－2015）．北京：人民出版社，2017．

［12］梁得所．创刊旨趣［J］．科学图解月刊，1934，（1）．

［13］梁小建，孙明，张品纯．试论科普期刊参与科普资源共建共享的新机制［J］．中国科技期刊研究，2013，23（1）：19－22．

［14］刘新芳．当代中国科普史研究［D］．合肥：中国科学技术大学，2010．

［15］刘泽林．新形势下科普期刊的发展探索［R/OL］．2005－11－14．［2011－09－30］．cn/n435777/n435795/n517127/7669.html．

［16］http：//www.cast.org.cn/n35081/n35668/n35728/n36479/10195280_3.html．

［17］陆瑶，秦娟，倪明．试论医学科普期刊特点对编辑素质的要求［J］．新闻传播，2014，（2）：306．

[18] 罗杰·菲德勒. 媒介形态变化：认识新媒介 [M]. 北京：华夏出版社, 2000.

[19] 米艾尼. 2008. 一本科普杂志的30年"怪现象" [J]. 瞭望东方周刊, 2008年12月15日12：24. http：//www.sina.com.cn.

[20] 任鸿隽. 科学青年双月刊题辞 [J]. 科学青年, 1941 (1).

[21] 王炎龙, 李开灿. 科普期刊数字出版困局及突破路径 [J]. 中国科技期刊研究, 2015, 26 (7)：722.

[22] 王一媛. 科普期刊编辑的综合素养 [J]. 新闻研究导刊, 2017, 8 (2)：221-223.

[23] 王玉珠. 传统纸媒期刊新媒体时代的华丽转身：《三联生活周刊》传播模式的重构 [J]. 出版发行研究, 2013, (2)：78-80.

[24] 王季梁. 发刊辞 [J]. 科学画报, 1933, (1).

[25] 我们的话 [J]. 科学生活, 1939, (1).

[26] 锡湘. 我们在科学前途中的目标（代发刊词）[J]. 青年科学季刊, 1940, (1).

[27] 杨开显. 论发展中的网络期刊. 重庆交通学院学报（社会科学版）, 2004, (1).

[28] 易高原. 试谈科普期刊编辑的德识才学 [J]. 新闻研究导刊, 2011, (4)：56-58.

[29] 余光烺. 发刊词 [J]. 科学教育, 1934, (1).

[30] 张波. 科普期刊创新发展的三重转向 [J]. 中国科技期刊研究, 2016, 27 (1)：43-47.

[31] 张洁. 科普期刊的创新与市场突围 [J]. 中国科技期刊研究, 2002, 13 (S1)：34-36.

[32] 赵新宇. 科普期刊在新媒体时代该如何发展 [J]. 新媒体研究, 2016, (5)：103-104.

[33] 赵乾海. 中国科普期刊何日能创辉煌？[J]. 科学时报, 2002-10-25.

[34] 朱建平. 做好科普期刊编辑的感想 [J]. 中国科技期刊研究, 2002, 13 (S1): 103-104.

[35] 祝叶华. 以《三联》为鉴探究科普期刊转型发展 [J]. 科技传播, 2017, 2 (下): 79-82.

[36] 朱元懋. 发刊献辞 [J]. 科学青年, 1941 (1).

后 记

终于,《新中国科普期刊研究(1949—2019)》可以出版了。

说来惭愧,这项开始于2009年的工作,在经历了漫长的12个年头后,算是有了一点点小小成果。在2009年时,中国高等学校自然科学学报研究会基金委员会发起的期刊研究项目立项,我和同事李新坡博士、张西娟博士、同学尉莹博士合作申请了《新中国科普期刊60年》著书项目,由于我带头工作做得不好,大家开始都很积极,后来就不了了之了,项目也没有结题,这个责任完全在我,以至于我有"无言见江东父老"的感觉。好在我没有放弃这个工作,利用业余时间,一直时断时续地做着与科普期刊和科普有关的一些事。

近十年的时间过去了,积攒的资料与素材总算可以成稿,因此在2018年时,我就把名字改为《新中国科普期刊70年》,准备在2019年出版此书,算是向中华人民共和国成立70周年献礼,但阴差阳错,虽然书的初稿在2019年就完成了,也送给我的硕士导师宋应离先生去审读了,可是没有找到合适的出版社出版此书。进入2020年后,新冠疫情蔓延全球,我把书稿又拖延了下来,直到光明日报出版社的老师向我发出邀请后,我才决定将此书稿交由他们来出版。书稿最后定名《新中国科普期刊研究(1949—2019)》。

后 记

说实在话，此书出版与否，对我个人而言没有什么特别作用。第一我不评职称，此书没有功利目的；第二我不想在学界出名，也到了退休年龄，缺乏出版书籍"扬名立万"的必要。总之，缺乏出版动力。但有三个原因让我不得不考虑出版此书：一是对这些年期刊研究的一个交代，虽说成果不突出，但也没有虚度光阴，在做好职务工作的同时，也在默默地做着期刊研究的工作，不枉得一个"编辑学研究方向"的硕士学位；二是总觉着我的研究成果，对于做科普期刊工作或是准备做科普期刊工作的人，会有一定的参考价值，对于喜欢科普、愿意从事科普创作的人，也有一定的参考价值，同时希望也能够激励更多的人参与科普工作；三是出于硕士导师宋应离教授的督促与激励。这么多年来，宋老师一直在鼓励着我向前迈进。很多人都有惰性心理，都需要有根温柔的"鞭子"，在后面轻轻地摇晃着。宋应离老师就是我前进路上督促我不断进步的那根鞭子。此书能够出版，也算是对宋老师的一份感谢。

感谢光明日报出版社"光明社科文库：历史与文化书系"系列丛书的组织与出版，让我多年的这份心愿能够完成，也算是对从事期刊编辑工作这么多年来的一个交代。同时，也希望这能够是我从事科普创作工作的一个起点，希望我能够身体力行，加入到科普创作当中，为中国的科普事业、为科普期刊事业增砖添瓦。

2021年是不同凡响的一年，是中国共产党成立100周年的伟大日子。作为一名入党30年的老党员，心中对党有一份执念：爱党义无反顾，追随党终生不渝，为党的事业奋斗不计报酬。愿借此书，以一名老党员的身份为中国共产党成立100周年献一份礼！

作者：郑秀娟

2021年3月